歴史の急所

反日プロパガンダ克服のために

明星大学戦後教育史研究センター
勝岡寛次
KANJI KATSUOKA

まえがき

昨今、日本をめぐる国際情勢は、ますます厳しさの度合いを増しています。

その最大の要因が中国にあることは言うまでもなく、日本はここ数年、中国との間で尖閣諸島の領有権をめぐって対立を深めていますが、中国が二〇一五年、南沙《なんさ》諸島（スプラトリー諸島）を埋め立てて軍事基地化するに及んで、ベトナムやフィリピンとの間でも一気に緊張が高まっています。

また、中国は同年、「南京大虐殺」の資料をユネスコ（国際連合教育科学文化機関）の世界記憶遺産に登録し、「慰安婦」資料についても韓国などと共同で、世界記憶遺産登録を目指していると言われています。

このため、中国は今後、反日プロパガンダを一層強力に展開すると思われ、いわゆる「歴史戦」に対する国民の備えが、今ほど必要とされている時代はありません。

本書は終戦七十年の年に当たる平成二十七年（二〇一五年）の初頭に、筆者がＨＳ政経塾で行った三回の講義録を元に一冊の本にまとめたものですが、安倍談話（同年八月十四日）や日韓慰安婦合意（同年十二月二十八日）といった、その後の経緯も踏まえ、必要な加筆修正を新たに行いました。

また、第一章と第五章には「ラジオ大阪」で放送された、「南京大虐殺」と「沖縄の歴史」に関する二つの鼎談《ていだん》を収録しています。

本書をお読みいただければ、「南京大虐殺」や「慰安婦」といった、中国や韓国との間でいつも問題になる歴史認識が、歴史的にどうやって形成されたのか、これに対して我々はどういった対抗策を取ればいいのかということが、よくお解りいただけるのではないかと思います。

とりわけ、日本の将来を背負《しょ》って立つ若い世代の方々をはじめ、多くの国民の皆様にも本書を手に取っていただき、学校の歴史では学べない、反日プロパガンダを克服する上で欠かせない、「歴史の急所」を学んでいただければ幸いです。

歴史の急所――反日プロパガンダ克服のために　目次

まえがき　3

第一章　「南京大虐殺」がウソであることを示す三つの事実

第二章

自虐史観から脱却するために知っておきたい歴史の急所

第三章

中国の反日宣伝に対抗するために知っておきたい歴史の急所

第四章

第五章

沖縄が本土と一体であることを示す三つの根拠

第一章

「南京大虐殺」がウソであることを示す三つの事実

平成二十四年（二〇一二年）十二月三十日放送・ラジオ大阪「日本の未来はここにあり」

ゲスト　勝岡寛次（明星大学戦後教育史研究センター）

パーソナリティ　立《つい》木《き》秀学《しゅうがく》（幸福実現党党首・当時）

司会　田中順子（フリーアナウンサー）

南京大虐殺を否定した名古屋市長に中国はどう反応したか

立木秀学　日中関係の中でよく争点になるのが、歴史認識についてです。「過去に日本が侵略した」と言われ、なかでも南京大虐殺が頻繁に取り上げられるのですけれども、これについて本当のところはどうなのかということを検証したいと思います。

田中順子　勝岡先生は、南京大虐殺をどんなふうに、ご覧になっていますか。

勝岡寛次　この問題を考える上で、興味深いことが平成二十四年（二〇一二年）に起りました。名古屋市長の河村たかしさんが、「南京大虐殺は無かった」とおっしゃったのです。

田中　そうでしたね。

勝岡　中国が一時、非常にいきり立って、大きな問題になりかけたんです。中国の人民日報が――これは中国共産党が出している、中国政府の見解を代表する新聞ですけれども――「侵略戦争の歴史の真相を否定し、中国国民の感情を傷つけたからには、必ずや代償を伴う」と社説で述べて、脅しをかけてきました。「これは大きな問題になるのかな」と思っていたんですが、そのあと、石原慎太郎東京都知事（当時）と、日本創新党の山田宏党首（当時）が河村さんの発言を、「河村君が言っていることは正しい」「南京大虐殺なんて無かったんだ」と弁護しました。これで、だいぶ雲行きが変わってきました。

いつもだったら大問題になって、名古屋市長の首が飛んでいたかもしれません。現に閣僚がその種のことを言ったら、すぐさま更迭《こうてつ》されるということが、これまで何度も繰り返されてきたわけですから。

ところが今回は、名古屋市長が「自分の発言は間違っていない」と頑張っていたら、そのうちに中国は何も言わなくなった。展開として、今までに無かったことだと思いました。

田中　これは、どういうことなんでしょうか。

勝岡　向こうは外交的にしたたかで、非常に現実的な国なんですよ。

私は、実際に中国の人とも、この問題で論争したこともありますけれども、こっちが強くものを言うと、その分だけ向こうは引っ込む。こっちが譲歩して謝ったりすると、向こうは余計に強く出てきて、こっちはますます窮地に陥る。こういう関係が、日本と中国の間にはあります。

田中　そうしますと今回は、こちらの考えをはっきり言ったことが、勝利の要因だったということですか。

勝岡　そう思っています。はっきり主張するに限るんです。ただ、はっきり主張するにも、裏づけとなる事実と信念が無ければ言えないので、その辺が問題にはなるのですが。

南京大虐殺が無かったと言える理由①
――日本軍入城後、南京の人口は増加している

立木　現在、日本の歴史教科書の中でも、「南京大虐殺があった」という記述がなされていると思いますが、その真相はどんなものなのでしょうか。

勝岡　今おっしゃったように、日本のあらゆる教科書に書かれているので、全ての子供たちは、またほとんどの大人もそうですが、南京大虐殺があったと思っています。

「日本は昭和十二年十二月、南京を占領した際に、膨大な数の中国人を殺害してしまった」という、一つの物語みたいなものができているんです。

田中　刷り込まれていますよね。

勝岡　ところが、南京事件についてよく調べてみると、おかしなことがいっぱい出てくるんですね。一番判りやすいのは、当時の南京の人口です。

中国の歴史教科書は、「三十万人殺した」と書いていています。南京に行くと、南京大虐殺記念館があるんですが、その入口にも「犠牲者三十万」と、ものすごく大きく数字が刻まれている。

だから、中国の人々はそう刷り込まれているのですが、当時の南京の人口については、それが判らないと食糧などを配れないので、南京の安全区（難民区）を管理していた国際委員会が客観的なデータを把握していました。それによると、当時、南京には二十万人しかいないのです。

南京市には二十万人しかいないのに、三十万人虐殺したということは、もうあり得ないわけです。しかも、その南京市の客観的なデータによれば、南京が陥落して一ヶ月後の人口は、二十五万人に増えているんです。人口が二十万人から二十五万人に増えている。これは、大虐殺があったら、絶対あり得ない数字です。

田中　大虐殺で皆殺しにされた場所に、新たに二十五万人もの人が入ってくるなんてことは、あり得ませんね。

立木　日本軍が入って管理するので、そこは治安が良くなると思って、皆、流入してきたということですよね。

勝岡　そうなんです。南京というのは、逆に治安が良くて、平和が保たれていたからこそ、そうやって人口が増えたわけです。そういうことを無視して、「三十万人虐殺した」という話だけが独り歩きしています。

南京大虐殺が無かったと言える理由②
――南京大虐殺は一九六〇年まで中国の教科書に載っていなかった

勝岡　じゃあ、中国は本当に「あった」と思っているのか。実は「あった」と思っていないと思うんです。

田中　とおっしゃいますと?

勝岡　中国の教科書を古いものからずっと調べていくと、実は一九四五年から一九六〇年までの十五年間、南京大虐殺の「な」の字も出ていなかったんです。歴史教科書で教えていないんです。「教えていない」ということは、彼らの頭の中に南京大虐殺なんて認識されていなかったということです。

田中　少なくとも重要な出来事だとは考えていなかったということですね。

勝岡　突然出てくるのは一九六〇年。その年の教科書から出てくるんです。

田中　それはどういうことだったのでしょうか。

勝岡　一九五八年から一九六〇年ぐらいに、毛沢東が「大躍進」という政策をやって、大失敗しました。その中で、二千万人から五千万人ぐらいの中国人が餓死しています。これはもう、全世界に明らかになっている、曲げようもない事実なんです。これが、毛沢東が国家主席を辞めざるを得なくなった原因です。

ところが、「そこからどう立ち直るか」というときに、目の前の失敗から目を逸らすために、一つのスケープゴートとして日本を持ち出したのです。「中国共産党は日本軍と戦って勝利したが、その日本軍はこんなひどいことをした」と言って、中国の人々の目をそっちに向けさせる。そういうことを意図的にやりました。歴史教科書の変化は、その一つだと思います。

立木 天安門事件の時も、そのあとに反日教育を強化するようなことがありましたけれども、全く同じパターンということですね。

勝岡 そうです。

立木 都合の悪いことがあると、外に目を向けさせて、「全部、日本が悪いんだ」とする。その一環で、南京大虐殺が浮上してきたということですね。

勝岡 ずっと今に至るまで、それが有効なものだから、繰り返している。

田中　実際、教科書にはどういうふうに書かれていたんですか。

勝岡　例えば、一九六〇年の教科書を見ますと、次のように書かれています。

〈一九三七年十一月、日本侵略軍は上海を占領し、続いて南京を包囲した。蒋介石は『南京を六か月間守る』と述べたものの、結局、六日間で陥落した。南京の住民は、日寇《にっこう》に非人間的な残虐極まる暴行を受けた。獣《けだもの》のような日寇は一か月あまりの間に、われわれ三十万の同胞を殺害し、約二万あまりの女性に暴行を行い、市内の建物の三分の一が焼かれ、数えられないほどの金品を略奪した。これは日本侵略者が中国人民に残した、大きな血の債務である〉

「日寇」というのは、日本軍のことを言っています。

田中　ここで三十万人という数字が出てくるわけですね。

勝岡　基本的に今までの教科書は、このパターンがずっと一緒なんです。

田中　対する日本の教科書は、どうなんでしょうか。

勝岡　日本の教科書もその影響を受けて、三十万人という数字を書いていた時期がありました。最近は、「多くの犠牲者が出た」と、数字はぼかして書いています。そういう内容の教育を受けるから、「日本軍はやはり南京でひどいことをしたんだ」と、残念ながら皆が信じ込むことになっているのです。

南京大虐殺が無かったと言える理由③
――南京大虐殺は中国国民党の一九三七年の年報にも載っていない

立木　これまでご説明いただいた、当時二十万人の南京の人口が、日本軍が入ってから二十五万人に増えたという事実や、一九六〇年に至るまで中国の歴史教科書に南京大虐殺の記述が無かったという事実は、南京大虐殺が無かったことの、大きな根拠として挙げられると思います。

ただ、そうは言っても、今まで久しく「南京大虐殺があった」という宣伝がなされて、「その時の写真だ」などと言って、日本兵が人を殺しているとする写真が出されたりしていますし、現地の南京に行けば記念館があって、そこにはたくさんの〝証拠〟とされる展示物があります。このあたりのことについては、どのように考えたらよいのでしょうか。

勝岡　日本の子供たちは修学旅行などで――南京の記念館や、あるいは北京にもその類いの施設があるんですけれども――そこに行かされて、その中でいっぱい髑髏《どくろ》が並んでいるのを見せられ、「これは全部日本人が殺した人々の骨だ」と言われてショックを受ける。あるいは、蝋人形で虐殺の様子が〝再現〟されているのを見てショックを受けるんですが、それは全部目的があって、意図的に中国がやっていることなのです。

例えば、南京大虐殺が本当にあったのだとすれば、発生直後から大問題になって、日本は国際社会から指弾《しだん》され続けていたはずです。

ところが、日本軍が当時戦っていた相手である蔣介石《しょうかいせき》の国民党は、その年の大きな出来事をまとめて掲載するイヤーブック、年報を出していましたが、一九三七年、南京大虐殺があったとされる年のイヤーブックを見ても、南京大虐殺について何も書いていないのです。

中国は当事者でしょう。にもかかわらず、国民党がまとめたイヤーブックに、南京大虐殺が出てこない。これは決定的だと思います。

大東亜戦争敗北後の昭和二十一年から二十三年にかけて東京裁判が行われ、その中でこの事件が持ち出され、裁判の判決として「多くの人を殺した」ということになってしまいましたが、そもそも東京裁判自体が一種のプロパガンダなのです。日本の政治指導者を「A級戦犯」という形で裁判にかけ、処刑することによって、全ての罪を彼らに着せたわけですが、南京大虐殺もそれに利用されたということです。

立木　ということは、南京大虐殺はそういうプロパガンダの産物でしかないということですので、これを日本が受け入れて、歴史教科書に書いて、子供たちに教え込むというのは、やはり間違っていますね。

これからの子供たちにとって良くないのはもちろんですが、これまでそれを聞いて育った大人たち、特に政治家などは、過去の戦争についていろいろ言われたりすると、とたんに腰砕けになってしまう。こんな状況になっているわけです。

中国の歴史教科書には「倭寇《わこう》」は載っていても「元寇」は載っていない

勝岡　ここで私が言っておきたいのは、日本の教科書の作り方と中国の教科書の作り方とは全く違う、ということです。

日本人はお人よしだから、中国でも、歴史教科書と名がつけば〝歴史の事実〟が書かれているものという先入観を持ってしまいますが、そうではありません。中国の教科書というのは、そもそも、そういう作り方をしていないのです。それは教科書を見れば解ります。

教科書の一番はじめに、編集方針が次のように書いてあるのです。「祖国を熱愛すること。中国共産党を熱愛すること。社会主義事業を熱愛すること」、それから

「四つの基本原則」（マルクス・レーニン主義、共産党指導、社会主義路線、プロレタリア専制政治）を堅持する教育を施すためにこの教科書をつくった、と書いてある。

田中　歴史を教えるためではないんですね。

勝岡　そこには歴史上の事実を尊重するという姿勢が、かけらも無いんです。ここが全然違う。

ですから、日本の教科書とは根本的に違うものだ、と思って見ないといけないんです。向こうは向こうで良心的に教科書を作っていると思うのは大間違いで、向こうは共産党が生き延びるために、いかなる歴史教育をすればいいか、という視点でしか考えていません。

田中　そうすると、教科書に書いてあることは事実とは限らないということですね。

勝岡　事実なんか関係ない。はっきり言ってね。

立木　向こうの教科書では、元寇のことは全然触れていないらしいですね。

勝岡　元寇は——元というのはモンゴル民族が漢民族を征服してできた王朝のことですが——今の言葉で言えば、元が日本を「侵略」したという、紛れもない歴史の事実ですよね。これが原因で鎌倉幕府は滅びたようなものですから、その後の日本の歴史にも決定的な影響を与えました。ところが中国の教科書を見ると、元寇は全く出てこない。

それに対して、倭寇というのがあります。倭寇とは、十三世紀から十六世紀にかけて、中国大陸や朝鮮半島の沿岸を襲った海賊集団に対する、中国・朝鮮側の呼称です。日本の方から出て行った倭寇は、元寇の一種の反動として起こったものですが、中国の教科書は、倭寇については「日本人はこんなにひどいことをした。中国に迷惑をかけた」という視点で、いっぱい書いています。

自分たちが侵略したことは全く書かないでおいて、倭寇のことだけは書くから、「自分たちが絶対的に正しい」「自分たちは全然悪いことをしていないのに、日本だけが悪いことをしてきた」というような歴史観になっているんですね。

田中　「日本は侵略国家だ」と、あれほど〝侵略〟という言葉にこだわっているにもかかわらず、自分たちの侵略に関しては全く無視ということなんですね。

勝岡　そうなんです。中国という国は、第二次大戦後も実は、侵略に次ぐ侵略なんです。だけど、そんなことは教科書には〝おくび〟にも出さないわけですよ。

ですからもう、中国の教科書で習った中国の子供たちこそ、いい迷惑と言いますか、そういう、ひん曲がった歴史を学ばされて、結局それは「愛国主義」という名目で、反日に誘導されているのです。

田中　その通りですね。

勝岡　大きな問題だと思います。

中国との論争に勝つための歴史教育とは

田中　そういう教育を受けてしまうと、世界の中における中国の位置づけなどを、冷静に見ることはできませんよね。

話を戻しますと、先ほどの南京の記念館などに、日本からの修学旅行の子供たちが行っている。そこで展示内容を見て、これを事実だと刷り込まれて帰ってくるという現状があります。このことを考えると、やはり日本の教育も正していかないといけませんね。

勝岡　中国がそういう教育をしている現実がある以上、尖閣の問題に竹島の問題、また慰安婦の問題もそうですけれども、きちんと国益にのっとって、日本の立場を説明できる歴史教育にしなければなりません。そうしないと、向こうから論争を吹っ掛けられた時に、それに対抗する術《すべ》が無いのです。

「竹島は日本の領土だ」と言うのはいいのですが、そう言えるだけの歴史的根拠をきちんと教えないといけない。慰安婦もそうだし、尖閣の問題にしても、南京大虐殺の問題にしても、いろんな問題で、日本には日本の言い分がある。歴史は常にそうなんです。

日本の言い分があるはずなのにそれを教えずに、中国の言い分、韓国の言い分だけを教える。だから、「南京大虐殺はあった。日本はひどいことをした」などという向こうの歴史観が、日本の歴史教育の中で刷り込まれることになるんです。

田中　日本の教科書に対して、中国や韓国は「訂正せよ」というようなことを申し入れてきます。それに対して、日本はどのような態度で臨まないといけないのでしょうか。

勝岡　ある国の教育に、他の国があぁせよ、こうせよと主張することは、内政干渉になりますから、日本は、中国・韓国の教科書に対して意見を言っていません。私は中国・韓国の教科書について批判をしますが、それは個人として批判しているので、内政干渉には当たりません。ただ、日本の政府も遠慮ばかりせずに、向こうが言ってくるなら、日本の国としても、主張すべきことをもっとどんどん主張すべきです。

立木　そうですね。相互主義ですから、向こうが言うならこっちも言うと。

勝岡　そうしないと、日本だけが不利になっていかざるを得ない。

中国は「愛国主義教育」について、「反日教育ではない」と言っていますが、実際には日本憎悪教育なんです。二〇一二年の反日デモにしたって、みんな「愛国無罪」という言葉を使う。「愛国」と言えば、何でも許されると若者は思っているんです。愛国と言っても、結局、反日と同義です。

これは、中国の子供たちにとっても本当に不幸なことだし、日中関係を考えた時にも、非常にマイナスにしか働かないことですよね。

田中　そうですね。ですから、そのような中国と論争するためにも、私たち日本人が学ばなければいけないですし、そういう教育というものをつくっていかないといけないですね。

勝岡　是非そういうことを、文部科学省や、学校の先生方も考えてほしいと思います。

第二章

自虐史観から脱却するために知っておきたい歴史の急所

南京大虐殺のユネスコ記憶遺産登録で勢いづく反日キャンペーン

中国の「南京大虐殺」を利用した反日キャンペーンは、止まるところを知らぬ勢いで進んでいます。

二〇一五年十月九日、国際連合教育科学文化機関（ユネスコ）は、中国が登録申請していた「南京大虐殺文書」を世界記憶遺産に登録しました。今後、中国はユネスコによる世界記憶遺産のお墨付きを得て、この「南京大虐殺」を、あらゆる機会を捉えて反日外交に利用してくることでしょう。

中国によるユネスコの政治利用に対して日本政府は抗議していますが、それ以前にも国内では幸福実現党などの幾つかの団体が、その危険性について警鐘を鳴らし、ユネスコにも書簡を届けて登録しないよう直接申し入れを行ってきました。それにも拘《かか》わらず、今回世界記憶遺産として登録されてしまったのは、中国のプロパガンダによって、「南京大虐殺」が実際に起きたと信じている人々がいかに多いか、ということを物語っています。

こうした現状を踏まえ、日本人である我々は、改めて「南京大虐殺」というプロパガンダが出てきた経緯を見直さなければなりません。

戦後、「南京大虐殺」を初めて紹介した新聞記事は占領軍が書いていた

最初に、日本における南京大虐殺の初出記事を紹介します。

資料A（次頁）は昭和二十年（一九四五年）十二月八日付の新聞記事です。奥の方が朝日新聞、手前にあるのが読売報知（現在の読売新聞）です。横書きの大見出しには、「太平洋戦争史」と書かれています。縦書きの大見出しには、〈奪ふ「侵略」の基地〉〈恥づべし南京の大悪虐暴行沙汰〉などとあります。

これが「太平洋戦争」と、いわゆる「南京大虐殺（南京事件）」という言葉の初

太平洋戰爭史
眞實なき軍國日本の崩潰
聯合國軍司令部提供
滿洲事變
奪ふ「侵略」の基地
國民の對米憎惡を煽る
聯合軍司令部の記述せる太平洋戰爭史
恥づべし南京の大惡虐暴行沙汰
泥沼に陷つ日支事變

資料A

出記事です。いわゆる「東京裁判史観」に基づく、初の新聞記事だと言えます。

重要なのは、この記事を書いたのは日本人記者ではなく、占領軍だったという事実です。

占領軍は、「ウォー・ギルト・インフォーメーション・プログラム」（WGIP：War Guilt Information Program）と命名された、一連のキャンペーン記事（プロパガンダ）を通じて、日本人に大東亜戦争の贖罪《しょくざい》意識を植え付けようとしていました。そのために、「太平洋戦争史」という歴史を執筆し、新聞紙上に一斉に掲載させました。新たな歴史を創り出し、プロパガンダを行ったわけです。占領軍の中に、民間情報教育局（CIE：Civil Information and Education Section）という、プロパガンダを専門に担当した部署があり、この局が行った情報宣伝計画の中に、WGIPが入っていたのです。

その一環で、この記事が出てきたのですが、実は、その証拠も明記されています。資料Aの太平洋戦争史の「争」の字の下を見ると、横に小さく「連合軍司令部提供」と書かれているのが判ります。また、「恥づべし南京」という大見出しの右の白抜きの箇所を見ると、「連合軍司令部の記述せる太平洋戦争史」とあります。

これを見ると、占領軍の行ったプロパガンダであることが解ります。実は執筆者の名前まで判っています。CIE企画作戦課長のブラッドフォード・スミスという人です。

スミスは、アメリカでプロパガンダを専門とする戦時情報局（OWI：Office of War Information）にいました。中部太平洋作戦本部長として、戦時中は、九十人の専門家と執筆陣を率いて、対日プロパガンダを陣頭指揮していました。

その人が今度はCIEに乗り込んで、「太平洋戦争史」を書き、日本の新聞に一斉に発表させせました。太平洋戦争史は、十二月八日から十二月十七日までの十日間、全国紙に一斉に掲載されました。これは、占領軍が掲載を強制したものです。

例えば、南京大虐殺については、次のように書いています。

〈日本軍は恐る可《べ》き悪逆行為をやつてしまつた。近代史最大の虐殺事件として証人達の述ぶる所によれば、このとき実に二万人からの男女、子供達が殺戮《さつりく》された事が確証されてゐる、四週間に亘《わた》って南京は血の街と化し、切り刻まれた肉片が散乱してゐた。その中で日本兵はますます凶暴性を発揮し一般市民に対し殺人、暴行を初めあらゆる苦痛を味はしめたのである〉（※ルビは引用者）

注意していただきたいのは、「近代史最大の虐殺事件」と書いていることと、「二万人」が殺戮されたという、その数字です。

「近代史最大の虐殺事件」と言えば、ナチスによるユダヤ人虐殺を別にすれば、一瞬で累計二十万人以上を殺戮した広島と長崎での原爆投下でしょう。または、一夜で十万もの無辜《むこ》の民を殺害した東京大空襲ではないでしょうか。そうした、正真正銘の無差別大量虐殺をさし措《お》いて、アメリカはここで「南京大虐殺」を持ち出したのです。

二万人という数字は、今日、中国が主張している三十万人という数字には、はるかに及びません。南京大虐殺には、この後もあやふやな数字が付いて回ります。元々がプロパガンダですので、数字は当局がどのようにも操作できるわけです。

占領軍は昭和二十年末に指令を出して、従来の「修身」「歴史」「地理」の教科書を全部没収した上で、昭和二十一年（一九四六年）四月、東京裁判の開廷直前にこの新聞連載の「太平洋戦争史」を単行本化し、これを歴史教科書の代替教材に指定します。これが学校教育の現場で使われ、十万部のベストセラーになりました。

ですから、このとき以来学校で教えられるようになった「太平洋戦争」の歴史は、名実ともにＣＩＥによる「プロパガンダ教材」だったのです。

ラジオ番組「眞相《しんそう》はかうだ」でも南京大虐殺を宣伝

新聞だけでなく、ラジオでも同時並行の形で、もっと露骨なプロパガンダが行われました。これはＣＩＥ内にあるラジオ課が担当したもので、「太平洋戦争史」が初めて新聞紙上で掲載された翌日の十二月九日から、「眞相《しんそう》はかうだ」というラジオ番組を毎週三回、十週にわたって、ＮＨＫラジオの第一と第二で同時放送しました。

当時の日本の娯楽はラジオと映画しかありませんから、ラジオ放送には、今日とは比較にならない影響力があり、この番組は非常に強烈な印象を、当時の日本人に与えました。

ナレーター「我々日本国民を裏切った人々は、今や白日の下にさらされています。戦争犯罪容疑者たる軍閥の顔ぶれはもうわかっています」

別の声「それは誰ですか」「誰です？」

ナレーター「まあまあ、待ってください」（音楽高まり、やがて消える）

毎回、このようなプロローグで始まって、反軍国主義の思想を語る文筆家と、太郎という名の少年の二人が出てきます。文筆家が戦時中の話を太郎に聞かせるという形で、番組は進行するのですが、語り口調の解説の間に、効果音や音楽を入れ、実況番組風に仕立てています。

例えば、南京大虐殺を扱った回は、次のように進行しています。

太郎「南京で日本軍はどんなことをやったんですか」（中略）

文筆家「約一ヶ月、日本軍は、虐殺、略奪、拷問、むちゃくちゃをやった。将校はそれを止めるどころか、一緒になって二万人も虐殺した。死傷者や拷問を受けたものは何万といる。約一ヶ月というもの、南京は瀕死の人間や腐りかかった死体のやまだ」

文筆家「南京！　南京！」（男女の悲鳴。銃を打つ音。女性の悲鳴が増えていく）

文筆家「大虐殺。南京では一度や二度ではない。何千回となく行われたんだ」

ここで実況場面に移り、男が二人出てきます。

男A「肉のくすぶる匂いってたまらんよ」

男B「気の弱いことをいうな」（中略）

男A「あの穢い死体をみろよ。さあ、大勢チャンコロの死体を捜して焼こう」

（砲撃音。女の悲鳴）

（再び、太郎と文筆家の会話）

文筆家「大虐殺。南京では一度や二度ではない。何千回となく行われたんだ。これが真相だよ。南京から掘り出されたアメリカ宣教師の撮ったニュース映画を見ればよく分かるよ」（中略）

太郎「軍閥の真相が分かってきたら、日本人はもっと別の出方をしたでしょうね」

文筆家「さう、どうかな。だが間違いのないことが一つある。今こそ、われわれは平和な生活を望み、主戦論者にはくみしない文明人であることを国の内外に示す絶好の機会だということだ。真実こそ最も優れた武器なんだ。いまや…（ベートーベンの「運命」が流れる）真実が進軍しているんだ」

「眞相はかうだ」は、「真実が進軍している」という調子の独善的な、あくどい演出が不評でした。ＣＩＥには日本国民から山のような非難の投書が寄せられた結果、ＣＩＥは昭和二十一年二月以降、居丈高《いたけだか》に上から教え込む断定口調の番組から、「眞相箱」と名付けた視聴者の質問に答える番組に変更しました。

しかし、演出は変わっても、放送の中身自体は変わりませんでした。

「大東亜戦争」という言葉の抹殺

ここからは、当時の占領軍の意図について考えてみます。

次の文章は、フランスの作家であるミラン・クンデラが書いた『笑いと忘却の書』の一節です。

〈一国の人々を抹殺するための最初の段階は、その記憶を失わせることである。その国民の図書、その文化、その歴史を消し去ったうえで、誰かに新しい本を書かせ、新しい文化を作らせて新しい歴史を発明させることだ。そうすれば間もなく、その国民は、国の現状についてもその過去についても忘れ始めることとなるだろう〉

これは、チェコで共産党政権が誕生した時に、過去の歴史を忘れさせ、新たな歴史をつくるまでの過程を説明した記述です。クンデラはチェコの生まれの作家で、共産主義を風刺した作品をたくさん書いています。チェコは共産主義のソ連にいじめられていたからです。

クンデラは、民族の記憶を失わせる具体的な手段として、「歴史を消し去ったうえで」「新しい歴史を発明させること」の二つを挙げています。検閲が前者に相当し、そしてプロパガンダは後者に当たります。

これは各国の共産党政権の常道でもありますが、アメリカが日本を占領した手口と酷似しています。占領軍にはコミュニストが相当数紛れ込んでいたと見られるので、これは偶然の一致だとは言えないでしょう。検閲とプロパガンダという手段によって、歴史の抹殺と発明が、占領下の日本でも行われたのです。

先に述べた占領軍の「太平洋戦争史」や「真相はかうだ」は、「新しい歴史を発明させる」ための情報宣伝やプロパガンダに相当するでしょう。一方で、国民の「歴史を消し去ること」に相当するのは、検閲です。占領軍は検閲によって、日本民族が持っていた歴史観を消し去ろうとしました。

例えば、占領軍は「大東亜戦争」という言葉を、徹底的に封印しています。このことを、占領下の史料を用いてこれから説明します。この史料は、占領軍が検閲した文書を保存しているプランゲ文庫の中にあるものです（プランゲ文庫につ

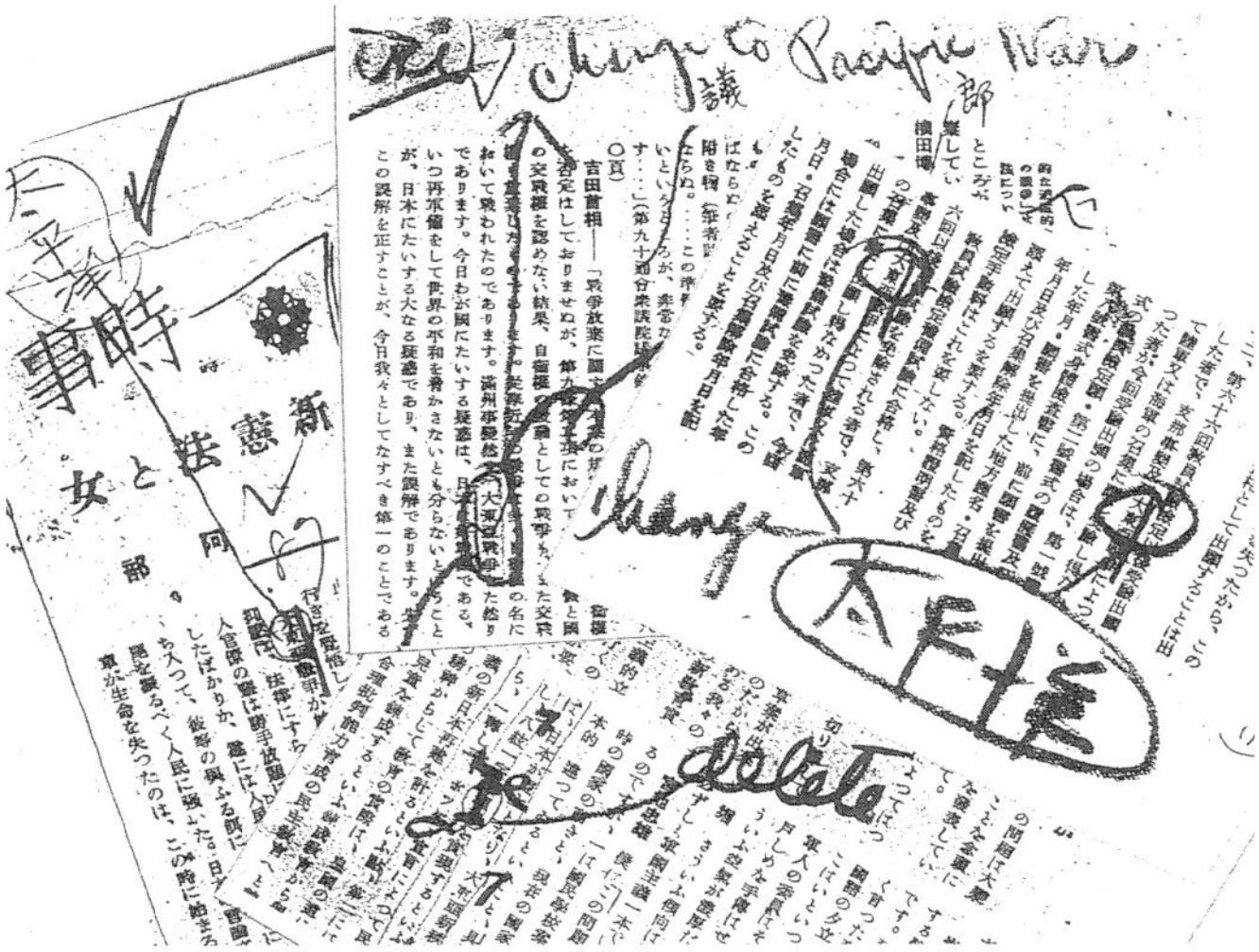

資料B

いては後ほど詳しく説明します）。

資料Bは、いろいろな雑誌の校正ゲラを並べたものですが、占領下の検閲では、「大東亜」の文字が例外なく削除されていることが判ります。資料Bの下方に手書きされた「デリート（delete）」という言葉は、削除を指示したものです。その上にある「チェインジ（change）」という文字は、「『太平洋』という言葉に変更せよ」と命じたものです。こういった調子で、「大東亜戦争」という言葉は例外なく「太平洋戦争」に書き直されています。

まさに「大東亜戦争」という言葉の抹殺です。私が平成十七年（二〇〇五年）に上梓《じょうし》した『抹殺された大東亜戦争』という本のタイトルは、この事実に基づいてつけたものです。彼らはこうして、日本人の歴史を抹殺した上で、新たな歴史を発明したわけです。

ですから、「太平洋戦争」という言葉を何の疑問もなく使っている人は、当時の占領軍のプロパガンダの術中に、未だにはまっていると言わざるを得ません。七十年後の今日も、それを後生《ごしょう》大事に持ち歩いているのです。

占領軍の検閲の狙いは、日本民族のアイデンティティの破壊にあった

ところで占領軍の検閲は、究極的には何を狙ったのでしょうか。これは一言で言うと、日本民族の拠《よ》って立つアイデンティティを根こそぎにすることを狙ったの

です。そうすることで、日本人から自信を奪い去りました。

資料C（次頁）は、占領軍が検閲した史料の具体的な事例です。この史料は右と左に分かれています。右が校正ゲラ、左が実際に刊行された雑誌ですが、左右を見比べると、右のゲラの真ん中辺に五行ほど墨で塗ったようになっているところがあります。「デリート（DELETE）」という書き込みは、検閲で「削除せよ」と命じているのです。

占領軍の検閲に先立って、学校では先生が生徒に対して教科書に墨を塗らせましたが、学校での「墨塗り」は、必ずしも占領軍の命令ではありません。しかし、この史料は、占領軍の命令で検閲された雑誌の一例です。

左の部分（実際に刊行された雑誌）を見ると、黒い箇所がきれいになくなっていますが、その前後をつなげてあり、検閲があったことさえ判らないようになっています。このように、占領軍は実に巧妙な検閲を行っていました。

ちなみに、削除箇所の文章を読みたくても、黒々と墨が塗られていると、たい

天皇制の論議かまびすしきに

國體護持の心を☉める

（國體と政體とは異なり）

蒲 生 耕 雲

國といふ生きの命のほどばしり力もり上る生ける國かた
組立てし機械にあらずや我が國は自らなる命ある國
この命のもなかにいまし
天皇は大き命のもどつみ命
大君に仕へまつろふ心さへ失せたる如しこの國民

　そこにその人の使命があると言へるのである。實に社會は使命と使命の組み合はせであり、民族と民族は各自にその使命を果して人類を形成してゐるのである。今や日本は再び民主々義といふ織の糸を取り入れて、完全なる社會を織りなしてゆかんとしてゐる。さうして今後の課題に殘る世界の雛形の國としての平和的文化國家を日本民族みづからの手で造りあげる時、人類にはかされるのである。弓削の道鏡や足利尊氏の存在は、天皇に對し奉る國民の忠誠心を更に強くおしはからにしたことは事實であらう。中心とは物ではない。中心とは力ではない。中心とは機關でもない。それは人智たる使命を地上に於て實現達成せしめるためのものに他ならぬ。歌へる者は
　　神樂とは實に光明の世界を迎へんとする準備である。神が人類にのみ輿へたる素晴らしき眞實、民族各自に輿へ

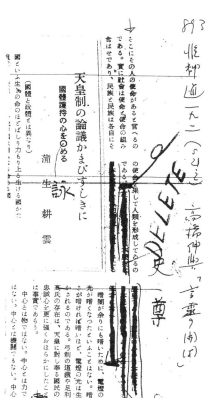

ていは読めませんが、マイクロ・リーダープリンターという機械にかけると、こうした史料も読めるようになります。史料の下から光を当てて、精巧な顕微鏡のように拡大するようになっており、墨が濃いと読めないこともありますが、薄ければ活字との濃淡の差がありますので、光の加減で何とか読める状態まで復元できるわけです。

そうやって、資料Cの一部分を拡大したものが、資料D（次頁）です。これでもまだ読みにくいかもしれませんが、ここには次のように書かれています。

〈二千六百有余年の日本歴史は、日本民族の世界的特徴に生かされたる歴史である。天皇中心の日本歴史は、日本民族の特徴であり、使命であつたと筆者は考へるものである〉

これは数多い事例の一つにしかすぎませんが、占領軍はこのようにして、日本

使命を果して人類を形成してゐるのである。[redacted]る

びすしきに

生 耕 雲

歴史である。[redacted]

暗闇が余りにも暗いために、電燈の光が暗くなつたといふことはない。暗さが暗ければ暗いほど、電燈の光は生かされるのである。弓削の道鏡や足利高氏の存在は、天皇に對し奉る國民の忠誠心を更に強くするばかりであることは事實である。

中心となる物がない中心はあり

資料 D

の民族的記憶の中心に天皇がいたという事実を抹殺しました。これは、民族の記憶を失わせ、歴史を消し去る行為なのです。

民族的記憶に関連して、ここで皇后陛下の御言葉を紹介します。日本国憲法下では、天皇陛下や皇族は政治にタッチできないことになっていますので、憲法改正の是非や占領政策の評価などには言及されないのが普通です。左右の激しい政治的対立がある中、皇室の政治利用を避けるため、一方に加担する御発言などはなさらないのです。

ところが、美智子皇后は平成十年（一九九八年）に、子供の頃に父親から神話の本を贈られたことについて、次のようにおっしゃいました。

〈これは、今考えると、本当によい贈り物であったと思います。なぜなら、それから間もなく戦争が終わり、米軍の占領下に置かれた日本では、教育の方針が大《おお》巾《はば》に変わり、その後は歴史教育の中から、神話や伝説は全く削除されてしまったからです。（中略）父がくれた神話伝説の本は、私に、個々の家族以外にも、民族の共通の祖先があることを教えたという意味で、私に一つの根っこのようなものを与えてくれました〉（※ルビは引用者）

これは美智子皇后が、インドのニューデリーで開催された国際児童図書評議会の基調講演に寄せられた、ビデオ・メッセージの一部です。宮内庁のホームページでも、読むことができます（基調講演の全文は、本章の末尾を参照されたい）。日本国民向けのメッセージではなく、広く世界の児童文学者に向けられたメッセージなのですが、私は非常に驚きました。そこには、占領軍の検閲に対する批判とも取れる御言葉があったからです。

皇后陛下は、このお話の中で神話や伝説を民族の「根っこ」として大切にされています。そしてここからは、占領軍が歴史教育から神話や伝説を全て削除してしまったことを、大変残念に思っておられるということも解るのです。

プロパガンダを担当した民間情報教育局（ＣＩＥ）

先ほどのＣＩＥに話を戻しますと、これについては既に相当の研究の蓄積があって、かなりの程度まで、彼らの狙いは明らかにされています。彼らは、「この戦争は日本が仕掛けた侵略戦争で、悪い戦争だったのだ。日本は世界に迷惑をかけたのだから、謝るべきだ」というプロパガンダに、専門的に従事していました。

ＣＩＥは、一九四五年（昭和二十年）九月二十二日にアメリカ太平洋陸軍総司令部（ＧＨＱ／ＵＳＡＦＰＡＣ）への助言機関として設置され、同年十月二日に連合国軍最高司令官総司令部（ＧＨＱ／ＳＣＡＰ）に移管されました。ＳＣＡＰの一般命令第四号には、ＣＩＥの設置目的として、「各層の日本人に、彼らの敗北と戦争に関する罪、現在および将来の日本の苦難と窮乏に対する軍国主義者の責任、連合軍の軍事占領の理由と目的を、周知徹底せしめること」と書かれています。

ＣＩＥの活動目的の中には、各層の日本人に戦争の〝贖罪意識〟を持たせることが含まれていたわけです。

日本人研究者の中には、ＣＩＥは教育を担当した部署でしかないと思っている人が大勢いますが、あまりにも単純かつナイーブな受け止め方、と言わざるを得ません。その名の示す通り、この局は情報宣伝と教育を統合しており、教育に名を借りた情報宣伝、つまり、プロパガンダを行っていたのです。

「現在及び将来の日本の苦難と窮乏に対する軍国主義者の責任」を周知徹底させるということですから、要するに、国民が怨嗟《えんさ》を向けるべき対象を「軍国主義者」としたわけです。そして、そのような「軍国主義者」として占領軍が用意したのが、東京裁判の「Ａ級戦犯」なのです。

東京裁判の前提には、日本が受諾したポツダム宣言があります。その第十項には、次のように書かれたくだりがあります。

〈吾等ノ俘虜ヲ虐待セル者ヲ含ム一切ノ戦争犯罪人ニ対シテハ厳重ナル処罰ヲ加

〈ヘラルベシ〉

その趣旨は、戦争犯罪人に対する厳重なる処罰が中心です。占領軍のプロパガンダは、これを日本人に受け入れさせるために行われた、と言うことができます。具体的にはCIEを担当部署として、戦争犯罪人の厳重なる処罰は当然だという意識を、日本国民の各層に刷り込む世論工作を進めたわけです。

占領軍は、連合国が行う東京裁判を中心に置き、プロパガンダによって日本国民にそれを支持させようとしました。そうした二重構造を取っていたのです。

占領軍のプロパガンダ、いわゆるWGIPは、具体的には次の三つの段階で行われています。

第一段階（昭和二十年〔一九四五年〕十二月～二十一年〔一九四六年〕五月）は、東京裁判の開廷前です。開廷前に半年かけて、事前のプロパガンダが行われました。これは日本人にショックを与え、その自信を喪失させる段階です。CIEは東京裁判に入る前に精神的地ならしを行い、できるだけ日本人の抵抗力を殺《そ》ごうとしました。そのためのプロパガンダが、第一段階です。

第二段階（昭和二十一年五月～二十三年〔一九四八年〕二月）は、裁判の進行と同時並行で行われたプロパガンダです。南京大虐殺の告発は、その目玉でした。

第三段階（昭和二十三年三月～十一月）は、東京裁判の審理が終わり、判決を待つまでの半年ぐらいです。その段階で何をしたかというと、これは、裁判の進行で明らかになった連合国に不利な情況に対する、対抗プロパガンダです。具体的には、原爆を批判する風潮が出てきたことへの対抗プロパガンダを行いました。また、東京裁判の中で「東條英機はよく頑張っている」という同情的世論が出てきたので、これに対抗するプロパガンダを行う必要がありました。東條は占領軍が血祭りにあげようとした、「A級戦犯」の筆頭でしたから。

南京大虐殺の宣伝と、当時の日本人の反応

次に、占領軍のプロパガンダが、日本人の間に定着していった過程を見ていきたいと思います。具体的には、南京大虐殺と原爆投下の二つの問題を考えます。

南京大虐殺は、占領軍のプロパガンダの目玉でしたし、また今日まで尾を引いて、日本に対する中国の強力な「外交カード」の一つになっています。先ほど「太平洋戦争史」と「眞相はかうだ」の中で、どのように南京大虐殺が扱われていたのかを紹介しましたが、ここでは日本人の受容の過程に注目したいと思います。

南京大虐殺の告発は、占領下にあった当時の日本人に大きなショックを与えています。「皇軍」として尊敬されていた日本軍が、実はとんでもない侵略をした軍隊だったのだと思わせることで、日本軍の権威を失墜させるように、占領軍が仕組んだからです。

実はそれは事実に基づかない、政治宣伝としてのプロパガンダに過ぎなかった

のですが、当時の日本人はそのことを知る由《よし》もありません。多くの国民は、そうしたプロパガンダを毎日のように新聞で読まされます。あるいは、ラジオで聞かされます。彼らには、「信じられない」という気持ちと「信じたくない」という気持ちが交錯《こうさく》したはずです。

その証拠として、次のような和歌が、プランゲ文庫の中に残っていました。これは『抹殺された大東亜戦争』の中でも紹介しています。

〈戦犯のラヂオニュースは如何《いか》にもあれ吾は信じまし祖國の歩み〉

ラジオから戦犯を糾弾するニュースが流れている時、これに抗《あらが》って「自分は祖国の歩みを信じたい」と詠んでいるわけで、「戦犯のラヂオニュース」というのは、恐らく戦犯を断罪するために占領軍が仕組んだ、「眞相はかうだ」や「眞相箱」のことではないか、と思われます。東京裁判の報道ニュースかも知れませんが、いずれにせよこれは、徒手空拳《としゅくうけん》で占領軍のプロパガンダに抵抗しているような、非常に孤独な歌です。この歌は「国家主義的宣伝」という理由で、検閲によって削除されています。

続いて、東京裁判における検察側立証の後になされた、弁護側の反証について述べますと、検察側立証段階では、占領軍側が南京大虐殺を強調し、大々的なプロパガンダに従事していますので、弁護側反証段階では、日本側の反撃が予想され、また期待されてもいました。

しかし、どうした訳か日本側は、ほとんど反論らしい反論をしていないのです。私はこれを読んだ時、本当にがっくりきました。南京大虐殺については、弁護側にもう少し頑張って反論してほしかったと、今でも思っています。

占領軍のプロパガンダに弁護側は圧倒され、戦う前から〝白旗〟を上げたような状態になっているのです。これは大きな問題です。占領軍のプロパガンダが功を奏し、日本の弁護側は、戦う前からすでに敗北している気配があります。

プランゲ文庫の中には、そうした〝敗北〟の例証も幾つか残っていました。ここでは、南京大虐殺を〝事実〟として受け入れてしまった、東大教授の例を紹介してみましょう。

〈敗戦後詳細に知らされた南京虐殺暴行事件をはじめとして数々の暴虐行為が、あの「皇軍」のしわざであつたかと思ふと、「はたして」といふ感情と「まさか」といふ感情とが撚《よ》り合はされた気持ちになつた。しかし暗い予感が実現されてしまったこととの証拠が示されるのが事実である以上、ただただ気が滅入るのである。……南京事件は、繰り返して申すが、中国人のみに加へた犯罪ではない。それは、日本国民が自分自身に加へた犯行侮辱である。貴い倫理的命題を暗誦することだけに一切の責任を置き、これを護符のごとく保持した国民の自己崩壊の例証である〉（渡邊一夫「勅語を暗唱したにも拘らず」『デモクラシー』一の十、昭和二十一年〔一九四六年〕十月）

引用文中の「貴い倫理的命題」とは、教育勅語や軍人勅諭を指していると見ていいでしょう。この文章を書いた渡邊一夫は、ノーベル文学賞を取った大江健三郎氏の先生です。先ほどの和歌は占領軍のプロパガンダに抵抗していましたが、こちらは敗北し、プロパガンダを受け入れてしまった人の文章です。

少しニヒルに述べていますが、ここに微妙な心の襞《ひだ》が読み取れます。「はたして」という感情と「まさか」という感情とが縒《よ》り合わされた気持ちというのは、前述の「信じられない気持ち」と「信じたくない気持ち」が交錯した、当初の国民感情とも違います。「はたして」という感情は、日本軍に対する不信感の表明です。「はたして」そんなにひどい軍隊だったのか、ということだからです。その不信感は、「暗い予感が実現されてしまったことの証拠が示されるのが事実である以上」という記述にも窺《うかが》えます。

東京裁判の中で、検察側が南京大虐殺の〝証拠〟を、「これでもか、これでもか」と繰り出してくる様を見て、渡邊は「証拠」がこんなにたくさんある以上、これは事実あったことに違いない。それを思うと、「ただただ気が滅入るのである」と言っているのです。

これは占領軍のプロパガンダを〝事実〟として受け入れた結果としてもたらされた、自国不信と自己否定の感情です。「日本国民が自分自身に加えた犯行侮辱である」と言っていることから、そのことが解ります。これは、南京大虐殺の暴露を〝事実〟と信じた結果、日本人が自国不信に陥り、民族としての自信を喪失したことを意味しているのです。

大江健三郎氏をはじめとする戦後の左翼文学は、南京大虐殺を〝事実〟として受け入れた結果として生じた、自己否定や自己卑下の暗い情念に突き動かされていると言えるでしょう。これを読んだ時、私は彼らを突き動かす暗い情念の一端を、垣間《かいま》見たような気がしました。

原爆投下批判で発行停止処分を受けた朝日新聞

もう一つ、原爆投下をめぐる歴史認識を見ていきます。

南京大虐殺ではなく、原爆投下こそが近代史上最大の虐殺でした。占領当初は、このことは朝日新聞にとってさえ、自明の事実でした。朝日新聞は、昭和二十年（一九四五年）の九月十五日付の記事で、このように書いています。

〈原子爆弾の使用や無辜《むこ》の國民殺傷が病院船攻撃や毒ガス使用以上の國際法違反、戦争犯罪であることを否《いな》むことは出来ぬであらう〉

さらに、その記事では「極力米人をして罹災《りさい》地の惨状を視察せしめ、彼ら自身彼らの行為に対する報償の念と復興の責任とを自覚せしむること」と書かれているのです。「報償」というのは、アメリカが犯した原爆投下の罪を償わせるという意味です。これは、鳩山由紀夫氏の祖父である鳩山一郎が言った言葉です。

ところが、この記事が占領軍の「プレス・コード」（日本新聞遵則、日本出版法）の適用第一号となり、朝日新聞はその結果、二日間の「発行停止処分」となりました。新聞社にとって、発行停止処分は致命的打撃です。二日間でも新聞が出せなければ、新聞社にとっては「死命を制せられる」ことを意味するからです。

朝日新聞はこの処分を機に、戦前の軍国主義を鼓吹《こすい》した路線から百八十度転向しました。今日、我々が目にするような〝左翼新聞〟になったわけです。そのきっかけが、アメリカの原爆投下を糾弾した、この記事でした。

これが象徴的な事件となり、それ以後の日本人は原爆投下に関して、言いたいことが言えなくなりました。「悪いのはアメリカではない。戦争を起こした日本人自身が悪いのだ」と思うようになったのです。広島の原爆慰霊碑の碑文は、その典型的な例です。

そこには、「安らかに眠って下さい　過《あやま》ちは繰返しませぬから」と書かれています。ここでいう「過ち」は、原爆を投下したアメリカの「過ち」ではありません。原爆を投下して「無辜《むこ》の民」を無数に殺傷したのはアメリカですから、本来は、「過ちは繰り返させませんから」と書かれていなければおかしいのです。

ところが、「過ちは繰返しませぬから」と日本側が詫びています。「日本が侵略戦争をして、世界に迷惑をかけてしまった結果、その報いとして原爆を投下されてしまった。だから、日本の過ちは二度と繰り返しません」と述べているわけです。

ここでは、過ちを起こした主体が、完全に入れ替わってしまっています。いつの間にか、アメリカではなく、日本が悪いことになっているのです。

しかし、普通の日本人はこの碑文のおかしさに、なかなか気が付きません。これこそが、占領軍のプロパガンダが浸透し、自虐史観が世を覆《おお》ってしまったことの証《あかし》なのです。

東京裁判でただ一人、被告に「全員無罪」の判決書を書いたインドのパール判事は、この碑文を見て激怒しました。彼は、昭和二十七年（一九五二年）に日本を再訪した際に、次のように語っています。

〈東京裁判で何もかも日本が悪かったとする戦時宣伝のデマゴーグがこれほどまでに日本人の魂を奪ってしまったとは思わなかった〉

〈東京裁判の影響は原子爆弾の被害よりも甚大だ〉（田中正明編著『パール博士「平和の宣言」』）

確かに、原爆によって破壊された広島の街は、ほどなくして復興しましたが、東京裁判をはじめとする占領軍のプロパガンダがもたらした自虐史観から、日本人は未だに立ち直っていません。パール判事の言葉は、まさに「正鵠《せいこく》を射た」もの、と言えるでしょう。

戦後七十年談話をどう見るべきか

以上、いわゆる「東京裁判史観」の成立経緯を追ってきましたが、自虐史観の温床となっている、この東京裁判史観を払拭《ふっしょく》しなければなりません。

戦後七十年にあたる平成二十七年（二〇一五年）には、歴史認識をテーマとする八月の「安倍内閣総理大臣談話」の中身が、政局の争点の一つになりました。

朝日新聞は年初一月三日付の社説で、この問題を取り上げています。

〈首相は過去二年の全国戦没者追悼式の式辞で、九十年代以降の歴代首相が表明してきたアジアへの加害責任に触れなかった。

もし、「安倍談話」が式辞のように戦争責任を素通りしてしまったら、どうなるか。

村山談話は、植民地支配と侵略によってアジアの人々に多大の損害と苦痛を与えたと認め、痛切な反省とおわびを表明。以後、安倍内閣まで引き継がれてきた

政府の歴史認識の決定版であり、近隣諸国との関係の礎《いしずえ》となってきた。その価値を台無しにすることは許されない〉

朝日新聞は、一九九〇年代以降の歴代首相が表明してきたように、アジアへの加害責任を認めて謝罪するよう、求めていました。戦後五十年の平成七年（一九九五年）に、「植民地支配と侵略によってアジアの人々に多大な損害と苦痛を与えた」ことを認め、「痛切なお詫び」を表明した村山談話が、安倍談話によって台無しにされることを恐れていたわけです。

朝日新聞は、村山談話が「安倍内閣まで引き継がれた政府の歴史認識の決定版だ」と言い張っていますが、そもそも、村山談話の出自そのものがいかがわしいものであったという事実を、指摘しておかねばなりません。

実は、平成七年に衆議院で謝罪決議をした際には、半数以上の議員が事前にそれが行われると知らされておらず、この決議は多くの議員が欠席する中、卑怯にも抜き打ちで強行されたものでした。結局、参議院では謝罪決議ができず、衆議院だけの決議になりましたが、それでは恰好がつかないので、村山氏はそれに代わるものとして、首相談話を出すことを思いついたのです。

当時の野坂浩賢官房長官は、村山談話の内容を詳しく説明せずに、「ただただ、頭を下げて」根回しをし（平成七年八月十六日付産経新聞）、事前説明なしで突然出された談話に、閣僚の多くは心構えができていないまま、慣例どおりに署名してしまったと言われています。ですから、こうした談話を政府の歴史認識の決定版として、持ち上げる方がおかしいのです。

一方、戦後七十年の節目に出された安倍談話を見ると、日露戦争までは、欧米列強による植民地支配からのアジアの解放を目指してきたという歴史認識で書かれていますが、第一次大戦以降は、「戦勝国の立場」で書かれています。

「満州事変、そして国際連盟からの脱退。日本は、次第に、国際社会が壮絶な犠牲の上に築こうとした『新しい国際秩序』への『挑戦者』となっていった。進むべき針路を誤り、戦争への道を進んで行きました」というくだりは、特に、戦勝国史観が根強く反映されていると言えます。

その意味では、中途半端な歴史認識で、首尾一貫していないのですが、「あの戦争には何ら関わりのない、私たちの子や孫、そしてその先の世代の子どもたちに、謝罪を続ける宿命を背負わせてはなりません」という文言《もんごん》のあたりに、安倍首相の本音があったのでしょう。

欧米列強の植民地支配への抵抗は、大東亜戦争によって初めて東亜諸国の解放・独立へと至るのですが、安倍談話も含め、「大東亜戦争」という言葉一つをとっても、いまだに抹殺されたままになっていることは、大きな問題です。

大多数の日本人は、「太平洋戦争」という呼称を何の疑問もなく受け入れていますが、我々はその出自について、改めて問い直すべきでしょう。

検閲とプロパガンダを経た後の日本人の歴史認識の変容

ここで、占領軍の検閲とプロパガンダを経て、日本人の歴史認識がどのように変容したかを、世代ごとに考えてみます。

一般的には、三十年経つと親から子へと世代が変わります。そこで、三十年を一つの区切りとして、今の日本人を仮に三つの世代（ジェネレーション）に分けて、考えてみたいのです。

私の父親は昭和二年（一九二七年）生まれです。私が高校生の時に亡くなりましたが、私とはちょうど三十年の年齢の開きがあります。この私の父親の世代を、仮に「第一世代」と名付けます。〝昭和ヒトケタ〟世代に当たります。

私は昭和三十二年（一九五七年）生まれなので、仮に、この前後の世代を「第二世代」と名付けてみます。

さらに私から一世代下には、昭和六十二年（一九八七年）前後に生まれた、現在三十歳前後の若者の世代がいます。これを「第三世代」とします。この三つの世代で、占領軍のプロパガンダが、どのように影響したかを考えてみます。

まず第一世代に関して、父親の事例を一つの参考として掲げます。広島県出身の私の父は、昭和二十年（一九四五年）に広島高等師範学校（広島大学教育学部の前身）に入学したところで、終戦を迎えました。

昭和二十年八月六日、父の頭上で原爆が炸裂しました。しかし父は、たまたまその日は、広島から南に十キロほど離れた呉《くれ》の松田自動車工場を見学していて、工場内で被爆しました。そのため、九死に一生を得たものの、原爆投下直後、市内で救援活動に奔走したので、残留放射能を大量に浴びました。おそらくそれが原因で、私が高校二年生の時に癌《がん》を発症し、四十七歳の若さで亡くなりました。

私は今でも、あの戦争に対して、親父《おやじ》はどう考えていたのか、私の方から積極的に聞いておけばよかった、と思うことがあります。当時の私は高校生で、そういう問題意識もありませんでしたから、結局父からは、戦争について何も聞かずに終わってしまいました。長い間、そのことがずっと心残りだったのです。

父は戦争について、自分からは何も語りませんでした。その代わり、と言っていいかどうかわかりませんが、父は正月でも休まずに働くほど、仕事熱心でした。戦後日本の高度経済成長を支えたのは、こうした第一世代の方々の努力に負うところが大きいのです。黙々と一生懸命働いたのが、この世代の特徴です。

ずっと後年になってからのことですが、なるほど父はこうした思いでいたのか、と妙に納得したことがあります。もちろん、父は若い頃に死にましたので、直接父から聞いたわけではありませんが、父と同じ昭和ヒトケタ世代の人が書いた文章を読んだ時に、そう感じたのです。父は中学で化学の先生をしていたことがありますが、この文章の執筆者も、高校で歴史の先生をしていた方です。

〈今の高校生の両親の多くは昭和のいわゆるヒトケタ生まれで、わたし自身その一人だが、学校の歴史教育の中で百八十度の転換を強いられた。転換どころか、歴史教育については、崩壊しか経験しなかった世代である。一言でいえば、歴史に対して自信を喪失した年代層であり、白状すれば、わたしも中堅世代の教師の一員として毎日授業をしながら、ときとして心の中にある種の不安を感じ、日本史をこんな教え方をしていてよいのだろうか、いつの日にか、わたしの歴史教育はすべてまちがっていたということになりはすまいかという恐怖に突如として襲われることがある。〈中略〉古い教育を受けた昭和ヒトケタ世代は、〈中略〉自らの手で伝統を断ち切っているようである〉（福田紀一『おやじの国史とむすこの日本史』）

私はこの本を読んで、親父もきっとそうだったのだろうな、と思ったのです。この先生は、自分たちの世代は「歴史に対して自信を喪失した年代層」なのだ、と告白しています。昭和ヒトケタ世代は、「自らの手で伝統を断ち切っている」とも述べています。

私の父は昭和二年（一九二七年）生まれなので、終戦時は十八歳です。今で言えば大学一年生ですので、基本的な価値観や歴史認識は、戦時中の教育で完成していたはずです。ところが、敗戦後に日本にやって来た占領軍はマスコミを占拠し、〝勝者が書いた歴史〟を教え始めます。戦前の教育を受けてきた世代は、価値観の百八十度の転換を強いられます。「歴史教育については、崩壊しか経験しなかった世代」なのです。私の父も広島高等師範学校で、先生になるための教育を受けようとしていました。ところが敗戦と同時に、今までの教育を全て否定されてしまったのです。

これが、私の父が自分の息子に、戦争について一言も語らなかった、あるいは語れなかった原因ではないのか。自分のアイデンティティの核になっていた戦前の教育は、ある日突然、「軍国主義」だ、「超国家主義」だということで全否定され、「民主主義」や「平和」に取って代わられます。そこで、深刻なアイデンティティ・クライシスに陥ったのです。息子に戦争について語ろうにも、語る言葉がなくなってしまったのではないか。

「自らの手で、伝統を断ち切っている」というのは、意味深長な表現です。本来なら父親には、息子に自分の体験や価値観を伝える使命があるはずです。ところが、この世代にはそれができません。ここで一旦、日本の歴史が断絶しているんです。親から子に、価値観が伝わらない。現に父の歴史認識は、私には一切伝わっていません。もちろん、父から私に何の価値観も伝わっていないということはありません。私は私なりに、〝父の背中〟を見て育ちましたから、父の人生観（例えばその誠実さや、仕事に対する一途さ）は私の中にも色濃く受け継がれていると思います。しかし、歴史観は伝わっていないのです。

高校三年の時に父が死に、私は高校生から大学生にかけて、急速に左傾化しました。当時から教育には興味があったので、片っ端から教育の本を買って読んでいました。しかし、広島は教職員組合が非常に強いところです。教育の本は、私の意識とは関係なく、そのほとんどが日教組関係の本で占められていました。

そのため、気がついた時には、バリバリの左翼になっていたわけです。私は大学の二年生まで、そういう状態にありました。もし父が生きていれば、左傾化には恐らくブレーキがかかったと思います。しかし死んでいたので、〝壁〟になるものは何もありません。私は、思い切り左傾化しました。

尤《もっと》も、当時は日本人の考え方に「右」と「左」の両方があることさえ解っていませんでした。とにかく、読んだ本の影響で、自分では気づかない間に、左に思い切りブレたわけです。そこから抜け出すのに、非常に長い時間がかかりましたが、大きく左にブレた青年期を脱して、ようやく、現在の私があります。

平成十七年（二〇〇五年）に私は、占領軍が検閲した「プランゲ文庫」の調査・研究に基づいて、『抹殺された大東亜戦争』という本を上梓しました。欧米列強の帝国主義的な征服や植民地支配に対して、日本人がいかに立ち向かってきたのかという歴史を振り返りながら、そのような歴史に言及した言論を、当時の占領軍がどんなふうに検閲したかということを、紹介した書物です。この本を書いたおかげで、戦前の日本人が、どんな思いで大東亜戦争を戦ったのかということが、ようやく私にも解ってきました。

こういう作業をすることによって、私は父親との間にあった世代間の断絶、歴史認識の埋めがたい溝、それを、曲がりなりにも父の死後に克服できたと思うのです。

先ほどの話に戻ると、父親と同世代のこの日本史の先生が受けた傷は、高校で自分が教壇に立っていても、癒えることはありません。その授業は、要するに占領軍が作成した「太平洋戦争史」が基本になっているからです。

この先生は、それを高校で教えながらも、「ときとして心の中にある種の不安を感じ、日本史をこんな教え方をしていてよいのだろうか、いつの日にか、わたしの歴史教育はすべてまちがっていたということになりはすまいかという恐怖に突如として襲われることがある」と告白しています。だから、本当の意味ではそれを信じ、受け入れているわけではないのです。

しかし、それに替わる、確固とした歴史観や歴史認識があるわけでもありません。全く、中途半端な状態です。結局、戦前の歴史観を否定し、戦後の歴史観を受容しつつも、そこに〝一抹の不信感〟をぬぐえないでいます。これが、この先生の「自信喪失」の原因なのです。この辺りが、昭和ヒトケタ世代に共通する〝世代体験〟なのではないでしょうか。

それから、昭和ヒトケタ世代と一部は重なる部分もありますが、年代的にはもう少し若い世代に、「墨塗り世代」と言われる世代があります。

これは昭和十年（一九三五年）前後に生まれた世代です。この世代は、義務教育の途中で敗戦を迎えています。彼らは学校で教科書に墨を塗らされた、共通の体験を持っているのです。その墨塗り体験が、この世代には強烈なショックを与えています。例えば、次のような回想がそうです。

〈わたしたちは「教科書はたいせつにせねばいけません。開く前に、一度おじぎをしてから開くのです」とまで教えられていた教科書に、同じ教師の命令でまっ黒になるまで墨をぬったのである。（中略）新しい学年の新学期に新しい教科書の第一ページを開くときのあの緊張と感激――。それなのに、わたしと同じ世代、すなわち一九三三（昭和八）年四月から一九三九（昭和十四）年三月までに生まれた人たちは、日本全国の学校でこの墨ぬり作業をさせられた。（中略）

教科書の墨ぬり以来、わたしは、ぴーんとひきしまった緊張感というものをしばらくもたなかった。教科書も、教師もいったいどう考えればいいのか、まるでけんとうがつかなくなってしまったからである。教科書も教師もたいしたもんではない、という考えをかなりはっきりもったことだけはたしかである〉（和田多七朗『ぼくら墨ぬり少国民』）

この世代は、今までの権威がガラガラと音を立てて崩れた体験を持っています。「お辞儀をしてから教科書を開く。先生には三歩下がって一礼する」などといった権威が崩壊したのです。神聖な教科書に墨を塗らされたのは、その象徴です。

「教科書も教師もたいしたもんではない」という言葉が、そのことを端的に示しています。

戦後教育は、このような〝権威の崩壊〟から始まっています。墨塗り世代の体験は、昭和ヒトケタ世代の歴史に対する〝自信の喪失〟と相まって、深刻な歴史の断絶を生み出しているわけです。

私はなぜ『抹殺された大東亜戦争』を書いたのか

『抹殺された大東亜戦争』は、一気呵成《いっきかせい》に書かれたわけではありません。元々は『祖国と青年』という雑誌に、平成七年（一九九五年）一月から平成十一年（一九九九年）八月まで足掛け五年、五十五回にわたって書き継いだ連載を、本にしたものです。

この本を書いたそもそものきっかけは何かというと、平成五年（一九九三年）、河野談話が出た直後に、当時の細川護熙《もりひろ》首相が大東亜戦争について、「私自身は侵略戦争であった、間違った戦争であったというふうに認識しております」（八月十日、就任後初の記者会見）と公言したことにあります。私はこの発言に対して、非常に違和感を覚えると同時に、危機感を抱きました。

一国の首相が「侵略戦争」をしたと、平気で口走ることなど、日本の国以外にあるでしょうか。これは国際社会の常識から言っても、あり得ないことだと思うのです。「そんなことがあってよいのか」という危機感を覚えました。それが、この本を書き始めたきっかけです。

この本のどこが目新しいのかというと、占領軍が検閲した史料である「プランゲ文庫」を使用したことが挙げられます。

プランゲ文庫はアメリカのメリーランド大学が所蔵する貴重なコレクションで、それを見れば占領軍の検閲、つまり、言論統制の様子が一目瞭然にわかります。当時の出版物、並びに占領軍の検閲の記録は、ここ以外にどこにも残っていません。

国立国会図書館にも無いのです。占領軍は日本の独立回復以前に、検閲の記録をすべて米本国に持ち帰ったため、保管先のアメリカまで行かなければ、見ることも、研究することもできませんでした。

その後、アメリカがこれを公開したので、今では検閲史料の多くが、マイクロフィルムやデジタル文書化され、日本でも研究できる体制になっています。私の勤務する明星大学戦後教育史研究センターでも、教育関係の占領文書を多数収集しており、こうして私もプランゲ文庫のマイクロフィルムを使って、占領中の検閲が日本人の歴史認識に与えた影響を、腰を落ち着けて研究できるようになったわけです。

占領軍の検閲については、文芸評論家の江藤淳が最初に研究しました。昭和六十年（一九八五年）に江藤は、これを「閉ざされた言語空間」と命名しました。当時の私はこれに反発して、「日本の言語空間は閉ざされていない。その証拠に、何でも自由にものが言える社会になったではないか」と思ったものですが、江藤はそうした戦後の〝物の見方〟そのものを否定したのです。

戦前と違い、戦後は自由に物が言えるようになったという我々の共通認識に対して、彼は、占領下の「閉ざされた言語空間」が続いている、と指摘しました。そういう感覚は、学校では全然教わらないので、大部分の人には解りません。

九十九％の日本人は今でも、「戦争はもうこりごりだ。そして、戦後は素晴らしい平和な社会になったんだ」と思い込んでいます。ところが、江藤はこれを否定しました。私は江藤淳の発言に影響を受けて、大学院に進学した時に占領史の研究を志すようになったのです。

ところで、プランゲ文庫の中には五十年後、七十年後の今日を予言するような文章が、含まれています。『抹殺された大東亜戦争』の「まへがき」でも紹介したのですが、次のような文章です。

〈われ等は、新聞紙上に於いて、聯合諸國《れんごうしょこく》、その他の輿論《よろん》が、囂々《ごうごう》として侵略者日本の罪悪を責めつゝあることを、すでに毎日讀《よ》んでゐるのであるが、それが次第に浮動から定着して、今日の動きが歴史となるにつれて、日本の大東亜戦争は侵略の戦争也《なり》といふ結論が、千載《せんざい》の青史の上にはつきりとのこることになるにちがひない。（中略）これは、全く堪《た》まらぬことである……日本人でありながら、明治以後に於ける日本の生長をたゞ侵略主義によつたものとのみ考へ込む人があるに至つては、實《じつ》に何としてもやりきれない〉（柳田泉「われは日本を愛するものなり」、『我觀』第二巻第五号、昭和二十年十二月　※傍線・ルビは引用者）

昭和二十年（一九四五年）末に書かれた文章ですが、占領最初期ということもあって、「大東亜戦争」の語句が抹殺を免れて、そのまま残っています。占領軍の検閲を免れたという意味では、これは稀有な例なのですが、それはともかくとして、戦後五十年が経ったところで、この予言の通り、「大東亜戦争は侵略の戦争也といふ結論」になりました。細川首相の発言や村山談話がそうです。

	大平正芳	鈴木善幸	中曽根康弘	竹下登	宇野宗佑	海部俊樹	宮澤喜一
生年	明治43年	明治44年	大正7年	大正13年	大正11年	昭和6年	大正8年
終戦時	35歳	34歳	27歳	21歳	22歳	14歳	25歳
	細川護熙	羽田孜	村山富市	橋本龍太郎	小渕恵三	森喜朗	小泉純一郎
生年	昭和13年	昭和10年	大正13年	昭和12年	昭和12年	昭和12年	昭和17年
終戦時	7歳	9歳	21歳	8歳	8歳	8歳	3歳
	安倍晋三	福田康夫	麻生太郎	鳩山由紀夫	菅直人	野田佳彦	安倍晋三
生年	昭和29年	昭和11年	昭和15年	昭和22年	昭和21年	昭和32年	昭和29年
終戦時	未生	9歳	4歳	未生	未生	未生	未生

資料E

この本の「あとがき」で、私は次のように書きました。

〈現在五十歳から七十歳前後であらう、彼等国政の中枢を担ふ者とても、五十年の昔を辿れば全くの赤子から青年前期、多感な価値観形成期を占領下に送つた者ばかりに相異あるまい。されば五十年の昔に占領軍の注入した毒は、半世紀の潜伏期間を経て、遂にこの国の政治中枢をも浸食しつゝあるのだ〉

これは、直接的には細川首相のことを指しています。彼以降の首相は、「侵略」という言葉を平気で口にするようになりました。どうして、そうなったのか。そのことを考えた時、これは「世代」の問題が大きく影響している、ということに思い至ったのです。

資料Eは、一九八〇年代以降の歴代首相（太平首相～安倍首相）の生年と終戦時（昭和二十年八月十五日時点）の年齢を一覧表にしたものですが、左上から右横にこの表を見ていくと、最初は明治生まれだった各々の首相の生年が、時を経るに従って大正、昭和と若くなっていくのが判ります。全体的傾向として、そうなるのは当然でしょう。

この表からは、いろいろな情報を読み取れます。宮澤首相までは、海部首相を例外として全員明治・大正生まれですが、細川首相からは急に若くなり、村山首相を除いて昭和十年代生まれの首相が続きます。これは非常に大きな変化です。というのは、宮澤首相は終戦時には既に二十五歳ですので、学校教育は完全に終えています。彼らは、戦前の価値観や歴史認識で教育を受けた世代なのです。

しかし、細川首相は、終戦時にはまだ七歳です。国民学校（当時の小学校）に入ったばかりのところで終戦を迎えています。その後の首相の終戦時の年齢も、終戦時に二十一歳だった村山氏を除けば、だいたい、同じぐらいの年齢になっています。細川氏以降の歴代首相は、学齢初期やそれ以前の段階で終戦を迎えています。だから、戦前の価値観、歴史認識を受け継いでいないわけです。

今の安倍晋三首相は昭和二十九年（一九五四年）の生まれなので、完全に戦後世代となります。年齢的には、私とあまり変わりません。鳩山由紀夫首相以降は完全な戦後世代に属するのです。

これを見ると、歴代首相の中で、細川首相が初めて「侵略戦争」発言をした理由が解ります。彼以降の首相は、おしなべて戦後教育を受け、その中で自分の価値観を形成しているわけです。つまり、占領軍の歴史認識を学校教育の中でダイレクトに教わっています。彼は首相になった途端、一種の〝洗脳〟の中で出来あがった「侵略戦争」の歴史認識を披歴した、とも言えるわけです。

自虐史観払拭《ふっしょく》のために何をすべきか

本章の最後に、では自虐史観の払拭のために、我々は何をなすべきかということを考えてみたいと思います。

まず、占領軍のプロパガンダを第一世代が受容した結果、自信を喪失し、自国不信と自己卑下の感情に囚われるようになりました。それが第二世代、第三世代にどのように伝播していったのでしょうか。

第二世代は私と同世代の日本人です。私自身がそうであったように、この世代はまともな歴史認識を、両親から受け継いでいません。もちろん例外はありますが、ごく一般の家庭の場合は、ポッカリと穴が開いたような歴史認識の空白が、第一世代と第二世代の間に生じています。これは第一世代が歴史への自信を喪失し、第二世代に歴史が伝承されなかった結果です。歴史の断絶、空白が生じています。第二世代はその空白を、教科書的な知識で埋め合わせるしかありません。

しかし、教科書的な知識は、それ自体が占領軍の用意した「太平洋戦争」史観、「東京裁判史観」にほかなりません。そうなると、第二世代に戦争や占領の原体験がなくても、依然として第一世代に特有の自信喪失、自国不信、自己卑下の感情が、ある程度薄まりながらも引き継がれるわけです。

おそらく、これは第三世代も同じです。戦争体験がない分、どんどん歴史認識は観念化していきます。戦争を直《じか》に体験していない世代には、戦争のことは解りません。次の世代は、尚更解りません。我々は「反戦」意識や「厭戦」意識を濃厚に引きずったまま、依然として自信喪失、自国不信、自己卑下の感情に囚われているのです。

あと数年もすれば、大東亜戦争を直接に戦い、経験した第一世代はいなくなります。これは必然的な時の流れ、と言えるでしょう。平成二十七年（二〇一五年）は終戦七十年ですから、終戦時に二十歳だった人は九十歳になります。十歳だった人もすでに八十歳です。あと十年もしないうちに、大東亜戦争を肌で知っている昭和ヒトケタ世代は、否応《いやおう》なく、全て鬼籍《きせき》に入ります。

その時に、我々第二世代、第三世代はどうすべきなのでしょうか。どうすれば我々は歴史の断絶と空白を埋め、自虐史観や太平洋戦争史観、東京裁判史観から自由になれるのでしょうか。

自分は直接戦争を知らないから、歴史認識を語る資格はない、と考えるべきなのでしょうか。それとも、直接戦争体験はなくても、大東亜戦争の〝語り部〟として、子子孫孫《ししそんそん》、未来永劫にあの戦争を伝えていくべきなのでしょうか。

私は父が早くに死んだので、第一世代と第二世代の歴史認識のギャップを、常に意識しながら生きてきました。その結果、占領下の検閲やプロパガンダの研究をするようになり、戦前と戦後の歴史認識のギャップを、それなりに自分で埋めてきたわけです。

自虐史観の払拭《ふっしょく》には、この歴史認識のギャップを埋めることが欠かせません。そのために、何をすべきなのでしょうか。私の本を読み、同じ問題意識を持っていただければ、そのギャップの解消の一つのきっかけにはなるかもしれません。問題意識を共有するのは、歴史の断絶を埋めるための第一歩だからです。しかし、私の本は「検閲された史料に直接語らせる」という、迂回《うかい》した手法を採って書かれていますので、必ずしも初心者向けとは言えません。

私と問題意識は同じですが、もっと読みやすい書籍を一例として挙げると、例えばジャーナリストの門田《かどた》隆将《りゅうしょう》氏の著作があります。しかし、彼と私とでは、方法論が全然違います。彼はジャーナリストなので、文献に頼らず、戦争の生き残りの人々を徹底的に取材して、『太平洋戦争　最後の証言』（小学館刊）の三部作を書いています。私としては、「太平洋戦争」というタイトルはやめていただきたいのですが、内容は素晴らしいものになっています。これを読むと、とりわけ、特攻に行った方々の気持ちがストレートに理解できます。歴史認識に関しては、学問的な知識だけでなく、ストレートに感情移入して〝疑似体験〟をすることが大切です。

もはや、かつての大東亜戦争を、体験者が語る時代ではなくなってきています。これからは、直接戦争を経験していない戦後世代が、この歴史をいかに語るかが課題になってきます。あの戦争をどう語り継ぐべきなのか。これからも、占領軍のプロパガンダを後生大事に語り継ぐのか。それとも、あの時代を生きた本物の日本人の心情を語り継ぐのか。

私はあくまでも学者の立場から、「戦後日本の歴史観は、占領軍による検閲とプロパガンダの両輪で歪められてきた。そのメカニズムを解き明かすのが自分の使命だ」と考えて、仕事をしてきました。皆さんには、「太平洋戦争」という偽物の歴史ではなく、「大東亜戦争」という本物の歴史に肉薄し、「これだ」と思うことがあったら、それを一人でも多くの人に伝えていただきたいと思います。

それこそが、歴史の空白を埋める唯一の方法、唯一の捷径《しょうけい》だからです。

第二十六回ＩＢＢＹニューデリー大会（一九九八年）基調講演
「子供の本を通しての平和——子供時代の読書の思い出」美智子皇后

教科書以外にほとんど読む本のなかったこの時代に、たまに父が東京から持ってきてくれる本は、どんなに嬉しかったか。冊数が少ないので、惜しみ惜しみ読みました。そのような中の一冊に、今、題を覚えていないのですが、子供のために書かれた日本の神話伝説の本がありました。日本の歴史の曙のようなこの時代を物語る神話や伝説は、どちらも八世紀に記された二冊の本、古事記と日本書紀に記されていますから、恐らくはそうした本から、子供向けに再話されたものだったのでしょう。

父がどのような気持ちからその本を選んだのか、寡黙な父から、その時も、その後もきいたことはありません。しかしこれは、今考えると、本当によい贈り物であ

った と思います。なぜなら、それから間もなく戦争が終わり、米軍の占領下に置かれた日本では、教育の方針が大巾に変わり、その後は歴史教育の中から、神話や伝説は全く削除されてしまったからです。

私は、自分が子供であったためか、民族の子供時代のようなこの太古の物語を、大変面白く読みました。今思うのですが、一国の神話や伝説は、正確な史実ではないかもしれませんが、不思議とその民族を象徴します。これに民話の世界を加えると、それぞれの国や地域の人々が、どのような自然観や生死観を持っていたか、何を尊び、何を恐れたか、どのような想像力を持っていたか等が、うっすらとですが感じられます。

父がくれた神話伝説の本は、私に、個々の家族以外にも、民族の共通の祖先があることを教えたという意味で、私に一つの根っこのようなものを与えてくれました。本というものは、時に子供に安定の根を与え、時にどこにでも飛んでいける翼を与えてくれるもののようです。もっとも、この時の根っこは、かすかに自分の帰属を知ったという程のもので、それ以後、これが自己確立という大きな根に少しずつ育っていく上の、ほんの第一段階に過ぎないものではあったのですが。

又、これはずっと後になって認識したことなのですが、この本は、日本の物語の原型ともいうべきものを私に示してくれました。

(http://www.kunaicho.go.jp/okotoba/01/ibby/koen-h10sk-newdelhi.html)

第三章

中国の反日宣伝に対抗するために知っておきたい歴史の急所

「中華人民共和国の建国は日本の侵略のおかげ」と言った毛沢東

二〇一五年九月三日、中国は抗日戦争勝利七十周年記念式典を開催しました。習近平《しゅうきんぺい》主席は、参加したロシアのプーチン大統領や韓国の朴槿恵《パククネ》大統領、潘基文《バンキムン》国連事務総長などを前にして、反ファシズム闘争勝利を喧伝《けんでん》しましたが、中国共産党が「抗日戦争勝利」を祝う式典であったにも拘《かか》わらず、歴史上の事実はどうかと言えば、日本軍の主敵であったのは中国国民党であり、中国共産党ではありません。本章では、日本と中国の間にある歴史認識問題の淵源を探ってみます。

まず、現在と過去の中国のスタンスの違いが端的に判る事例を紹介してみます。今から五十年余り前、東京オリンピックの頃の話ですが、一九六四年に社会党副委員長の佐々木更三《こうぞう》が中国を訪問し、毛沢東《もうたくとう》に面と向かって日本の侵略を謝罪しました。

〈過去において、日本軍国主義が中国を侵略し、みなさんに多大の損害をもたらしました。われわれはみな、非常に申し訳なく思っております〉

その時に、毛沢東が驚くべきことを言ったのです。

〈何も申し訳なく思うことはありません。日本軍国主義は中国に大きな利益をもたらし、中国人民に権力を奪取させてくれました。みなさんの皇軍なしには、われわれが権力を奪取することは不可能だったのです。この点で、私とみなさんは、意見を異にしており、われわれ両者の間には矛盾がありますね〉(『毛沢東思想万歳』下巻)

ほかにも似たような例があります。それから八年後の一九七二年にも、毛沢東は訪中した田中角栄首相に対して、同じことを言っているのです。

〈われわれは日本に謝意を表明しなければなりません。日本が中国を侵略しなかったら、国民党と共産党の協力は決して実現しなかったでしょう〉

これに対して田中首相が「中国を侵略したことで中国に多大な迷惑をかけました」と、佐々木副委員長と同じように謝ると、毛沢東はさらにこう言ったのです。

〈日本が中国を侵略しなかったら、中国共産党は勝利できなかったでしょうし、さらには今日こうしてお会いすることもあり得なかったでしょう。これが歴史の弁証法というものです〉

日本側は〝キツネにつままれた〟ような顔をしたのではないか、と想像されます。毛沢東が果たしてどこまで、こうしたことを本気で言ったのかは判りません。しかしこの発言は、少なくとも彼にとって、日本が中国を〝侵略〟したことは大した問題ではなかったことを意味しています。

盧溝橋《ろこうきょう》事件に端を発した支那《しな》事変（日中戦争）で、日本が戦った相手は、繰り返しになりますが毛沢東の共産党ではありません。これは重要な事実です。中国共産党が反日を叫んでいる今こそ、日本人が再確認すべき基礎的な知識なので、このことを是非とも多くの方に知っていただきたいのです。

日本軍が戦った相手は、蔣介石《しょうかいせき》が率いる国民党でした。共産党と日本軍が直接戦ったことは、ほとんどありません。当時の共産党は、国民党に押しつぶされる寸前でした。

毛沢東にすれば、日本軍が蔣介石と戦争をしてくれたおかげで、〝漁夫《ぎょふ》の利《り》〟を得たのです。日本軍が一生懸命、国民党軍と戦っている間に、共産党は勢力を伸ばし、日本の敗戦後に国共内戦にも勝利して、一九四九年に中華人民共和国を樹立できたからです。

敗れた国民党は中国大陸を追い出され、台湾に逃げ延びます。これが中華民国

（現在の台湾）の国民党の起源です。

毛沢東にとって日本軍国主義は、ある意味では中国建国の〝恩人〟なのです。彼は日本人が謝った時に「皇軍の侵略に感謝する」とまで言いました。その証拠に、毛沢東が歴史認識問題で日本を攻撃したことは、一度たりともありません。今の中国の態度とは、百八十度異なるのです。

中国は、いつから「歴史認識」を外交カードに利用したのか

では、中国共産党が「南京大虐殺」を外交カードとして積極的に利用するようになったのは、いつからなのでしょうか。

アメリカの大学で教鞭を取っているワン・ジョン氏は、一九八二年以降のことだと指摘しています（ワン・ジョン『中国の歴史認識はどう作られたのか』）。一九八二年と言われてもピンとくる人は少ないのですが、これは中国ではなく、

日本国内で起きた事件と関係があります。

この年（昭和五十七年）に、日本では「教科書誤報事件」が起きています。文部省が教科書検定で、高校の歴史教科書の記述を変えた。元の教科書の原稿には「侵略」と書いてあったのを、文部省が検定で「進出」に書き直させた。新聞やテレビが、一斉にそう報じたのですが、調べてみるとそのような事実はなく、これは全くの誤報でした。朝日新聞をはじめとする、日本のあらゆるマスコミが、一斉に誤報を流してしまったのです。

ですからこれは、政府が「そうした事実はなかった」と言えば、国内的には終わるはずの話でした。現に国会で問題にされた時、文部省は「事実ではない」と言って頑張っています。しかし、話はそこで終わりませんでした。中国政府が外交ルートで正式に抗議をしてきたのです。これは初めてのことでしたので、中国が「教科書検定」という日本の内政問題で正式に抗議してきた時に、当時の政府と外務省は驚き、怯《おび》えてしまいました。

その時の首相が、鈴木善幸というパッとしない首相です。中国の抗議に腰砕けになってしまい、当時の官房長官の宮澤喜一が「宮澤談話」を出しますが、まるで「もうこんなことはしません」と言わんばかりの怯えた対応でした。

これによって教科書検定基準に「近隣諸国条項」が新たに追加され、それ以降、教科書で日中戦争や大東亜戦争を「侵略戦争」と書いても、検定でフリーパスになったのです。

近隣諸国条項は、文面だけを見ると、別にたいしたことは書かれていません。

〈近隣のアジア諸国との間の近現代の歴史的事象の扱いに国際理解と国際協調の見地から必要な配慮がされていること〉

こうした短い言葉の規定に過ぎません。しかし、その政治的な意味合いは深刻で、要するに、これからは教科書に「侵略」と書かれていても、検定では修正しないということに他なりません。

これは日本外交の大敗北でした。なぜならそれ以降、日本の歴史教科書は「日本が悪いことばかりを大陸で行った」という記述一辺倒《いっぺんとう》になっていったからです。

この時、毛沢東はすでに亡くなっており、中国の指導者は鄧小平《とうしょうへい》に代っていましたが、鄧小平は教科書誤報事件の直後に訪中した北朝鮮の金日成に対して、次のように言っているのです。

〈最近の日本の教科書改訂、歴史改竄《かいざん》（引用者注：教科書誤報事件のこと）は、我々に再び歴史を見つめなおし、人民を教育する機会を与えてくれた。今回のことは中国人民を教育しただけでなく、日本の人民をも教育した。実はこれはいいことだと思っている〉

これは『鄧小平年譜』に書かれた発言です。中国は教科書誤報事件の経験から、歴史認識の問題は「外交カード」として使えるということを学んだのです。

南京大虐殺記念館は教科書誤報事件の後に建てられた

その後に、何が起ったでしょうか。中国は新たに、「南京大虐殺記念館」を建てたのです。

日本では、この記念館が戦後すぐにできたと錯覚している人が多いのですが、そうではありません。南京で建設が着工されたのは、教科書誤報事件の翌年の一九八三年です。竣工したのは一九八五年です。鄧小平が「最近の日本の教科書改訂、歴史改竄は、我々に再び歴史を見つめなおし、人民を教育する機会を与えてくれた」と言ったのは、そういう意味なのです。

先ほども述べたように、毛沢東の時代には、中国は歴史認識を全然問題にしていませんでした。しかし、鄧小平の時代に日本で教科書事件が起きると、その姿勢が変化しました。これは利用できる、と考えたのでしょう。中国が南京大虐殺や靖国参拝の問題などで文句をつけ始めたのは、この時からです。

昭和六十一年（一九八六年）からは、日本の首相は靖国神社を参拝することが難しくなりました。それ以前の首相は皆、靖国神社に平気で参拝していましたし、中国もそれに対して、何も言っていないのです。ところが、昭和六十年（一九八五年）に中曽根首相が靖国神社を公式参拝すると、中国は突如としてこれを批判し、これを受けて中曽根氏は、翌六十一年から参拝を控えるようになったのです。

一九八六年から今日まで約三十年が経ちましたが、中国が文句をつけてくるので、依然として日本の首相は、気兼ねなく靖国神社を参拝できません。南京大虐殺と同じように、中国の非難に迎合して、「A級戦犯の合祀はけしからん」と言い出す日本の政治家もたくさんいます。中曽根氏からして、そうなのです。中国から抗議が出た途端に、彼はぱったりと参拝しなくなりました。

政治家がそんな体《てい》たらくですから、日本は脅せば屈服する国だ、と中国は思っています。南京大虐殺、靖国参拝、近年は尖閣問題、皆、同じような構造になっているのです。

天安門事件の真相とは

次に、一九八九年の天安門事件について述べます。この事件のきっかけになったのは、中国の民主化運動です。

鄧小平は改革・開放路線を敷き、市場経済の導入を図りました。彼の「白い猫でも、黒い猫でも、ねずみを取る猫がいい猫だ」という言葉は有名です。社会主義と資本主義的な市場経済というのは、確かに矛盾します。しかし彼は、国が豊かになるなら、手段はどうでもよいと言ったわけです。中国はマルクス・レーニン主義の国ではあるが、国を豊かにするためには、市場経済を導入するということを、猫にたとえて言っているのです。

しかし、改革・開放路線には「思想の改革・開放」にもつながる面があります。経済だけ自由主義を取り入れ、思想を共産党の一党独裁のままにしておくことは、なかなかできません。時あたかも、ちょうど八〇年代後半は、ソ連最後の書記長となったゴルバチョフ氏が、「ペレストロイカ」という名の自由化政策を押し進めていた時代でもありました。

一方、一九八〇年に中国共産党の総書記になった胡耀邦《こようほう》は、言論の自由化を支持し、それを推進する学生団体の後ろ盾になっていました。そうした背景もあって、中国でも一九八〇年代の半ば頃には民主化運動が盛んになります。中国もこれで変わるのではないかという、希望を持てる時代だったのです。

ところが、民主化運動をバックで支持していた胡耀邦が一九八九年に亡くなると、その途端に鄧小平は、学生の民主化運動を弾圧したのです。鄧小平が弾圧を始めたのは、民主化運動が中国共産党の否定に発展するのを恐れたからです。その年の秋にはベルリンの壁が崩壊し、ソ連の衛星国だった東欧諸国では、次々に民主化革命が起こっていきました。この東欧民主化のうねりをいち早く察知した鄧小平は、民主化運動を放置したら、共産党政権が崩壊する恐れがあると見たのです。

そこで、鄧小平は六月四日、民主化を求めて天安門広場に集っていた学生を中心とする一般市民たちを、遮二無二《しゃにむに》、武力弾圧しました（天安門事件）。この天安門事件で亡くなった犠牲者の正確な数は、現在も不明のままです。中国当局は死者三一九人としていますが、当時の国家主席だった楊尚昆《ようしょうこん》は、生前に死者六〇〇人以上と語っていたそうですし、人民大学の元教授である丁子霖《ていしりん》氏らが創設した遺族グループ（「天安門の母たち」）は、当時の病院関係者の証言を元に、死者は千人以上だと主張していました（産経新聞、二〇〇八年六月四日付）。二〇一四年にも、死者二六〇〇人から三〇〇〇人に及ぶと述べた丁氏の見解を、香港紙が伝えています。

この武力弾圧を契機として、中国の民主運動家の多くは国外に亡命しました。

天安門事件以降、歴史観を変えた中国

この事件について、もう少し掘り下げて考えてみたいと思います。事件の当事者でもあった、評論家の石平《せきへい》氏の記述を見てみましょう。

彼は中国生まれの中国人でしたが、日本に来て考え方が百八十度変化し、日本に帰化しました。今では中国批判の〝急先鋒〟であり、中国から見たら〝国賊〟かもしれませんが、日本人である我々にとっては、中国を知り抜いた上で中国を批判してくれる、稀有《けう》なる存在です。

石平氏は『私はなぜ、中国を捨てたのか』という半自伝的な本の中で、次のように書いています。

〈一九八四年三月、当時の中曽根首相が北京訪問中に、日本の首脳として初めて、北京大学を訪問して講演を行ったことがある。その時、私も四年生として在学中

だったが、若者たちは実に温かい気持ちで、この日本の首相の来訪を迎えたことを、今でも覚えている〉
〈私はまさにこのイベントへの参加で、日本に興味を持つようになったのである〉
〈つまりその時代には、私たち大学生も多くの中国国民も、決して日本を憎んだりなんかしていないし、決して反日感情というものをもっていなかった、ということである〉

これを読んで、私は意外に思いました。中国は、元々激しい反日教育をしてきた国だと思い込んでいたからです。石平氏の言うことが事実なら、近年の反日デモの騒ぎは一体、何だったのでしょうか。私は、非常に不審に思いました。

石平氏は当時を回想して、次のように言っています。

〈八〇年代の私たちは、日本に対してむしろ好感と親しみをもっていた。それな

のに、その十年後の九〇年代後半になると、若者たちと多数の中国人民は、一転して、激しい反日感情の虜《とりこ》となっていたのである〉

実は、これが中国の歴史認識の秘密を解く鍵なのです。石平氏は日本に興味を持ち、親しみを持って一九八八年に日本に留学します。

ところがその十二年後、ちょうど二〇〇〇年に中国に帰国したら、石平氏は〝浦島太郎〟状態になってしまいました。帰ってみたら、かつての親日的な中国はどこにもなかったのです。石平氏は自分の田舎に帰った時に、日本に対する歴史認識をめぐって、当時大学一年生だった甥《おい》と大喧嘩になってしまいます。

反日教育を受けていた彼の甥は、「天安門事件を起した人たちは間違っている」「共産党の指導があるから中国は日本の侵略を防げるのではないか」「昔、日本侵略軍をやっつけたのは共産党員じゃないか。石平おじさんは歴史を忘れたのか」などと言い、叔父である石平氏を批判したのです。

彼の体験の中に、中国の歴史認識の謎を解く鍵があります。少なくとも、ここには二つの事実があることが判ります。

一つは、石平氏が学生時代を過ごした八〇年代前半には、中国は日本に親しみと好感を持っていたということです。もう一つは、八八年に来日して、そのわずか十二年後に帰国してみたら、中国の情況は一変していた、ということです。大学生たちは、日本人への激しい憎悪に駆られていました。

この落差は、どこからもたらされたのでしょうか。石平氏は、昔と今の中国を次のように対比しています。


〈十数年前、私たちの世代は青春のすべてをかけて、そして多くの仲間たちはまさに命をかけて奮闘した。あの民主化運動は、甥の世代になると、もはや過去のこととして忘れられている。否、忘れられているというより、むしろ鎮圧すべき「悪いこと」として認識するに至っている〉

〈共産党の犯した殺人を擁護する反面、彼はそれよりも遥か昔に起きた南京での「大虐殺」や、日本人による「数千万人の中国人殺し」といった過去の出来事を、あたかも目の前にある現実であるかのように強く意識している〉

〈それは間違いなく、中国共産党主導の反日宣伝によって作り上げられた虚像であり、妄想なのだ。しかし、私の甥、この純粋な好青年、この情熱の溢れる大学一年生は、まさに共産党の反日宣伝と教育に洗脳されることによって、どこにも存在しない虚像、妄想に囚われていて、煽《あお》り立てられた憎しみの感情の虜《とりこ》となっているのである〉（※ルビは引用者）

この中国における親日と反日、その分岐点が一九八九年の天安門事件なのです。

毛沢東時代は禁圧されていた南京大虐殺

私は、天安門事件が契機となって、中国の歴史認識が大きく変ったことまでは解ったのですが、近年までその経緯の詳細が、いま一つ摑めませんでした。中国のどこが主導したら、そうなったのか。なぜ、大学生の歴史認識が十数年で百八十度変わったのか。これが謎だったのです。

今から十年余り前の二〇〇五年に、今世紀最初の反日デモが起きました。その時、私のところにもテレビ局から電話がかかってきました。

「反日デモの原因は何か」と聞かれましたが、その理由が正確には解りません。中国では江沢民政権以来、愛国主義教育に力を入れているのを知っていたので、とりあえず「愛国主義教育という名の反日教育が行われているからだ」と答えたことを覚えています。

しかし、当時は愛国主義教育がなぜ、どのように開始されたのかということに関しては、よく解らなかった。同時代の歴史なので、文献がなかったからです。

先ほど言及したワン・ジョン氏の『中国の歴史認識はどう作られたのか』を読んで、一九八九年の天安門事件以来、中国が歴史認識の大転換にどのように踏み出したのかということが、解ったのです。著者は中国人ですが、アメリカで勉強しただけあって、非常に客観的な見方をしています。

その本では興味深いことに、天安門事件以前の中国、とりわけ毛沢東の時代は、抗日戦争（中国では日中戦争を「抗日戦争」と言う）の歴史は全く無視されていた、と言っています。

中国の教科書に南京大虐殺が登場するのは、一九六〇年からだと本書の第一章で述べましたが、この本によると、南京大虐殺はその後もずっと「意図的に禁圧されていた」と書いてあります。「一九六二年に南京大学歴史学部の研究者たちは、二年間の調査の末、膨大な調査のもとに『日本帝国主義の南京における大虐殺』という本を書いた」そうですが、その後「機密内部文書」に指定され、公《おおやけ》に出版できなかったそうです。

こうした中国の内情を見た上で、石平氏の二つ目の問題提起を考えてみます。日本に親しみを持ち、日本に留学した彼が二〇〇〇年に帰国したら、それまでの親日的な中国はどこにもなく、石平氏の甥の大学生は反日的となり、日本人に対して激しい憎しみすら抱いていたという話でしたが、その背景には中国共産党の大きな路線転換があったのです。

鄧小平は、天安門事件の直後に、次のように述べています。

〈この十年間の最大の過ちは教育にありました〉

〈単に学生たちに対してのみならず、人民一般に対する教育です。建国までに要した苦しい道のり、かつて中国がどのようであったか、そしてこれからどのような国になっていくべきであるかについて、わずかな教育しか行わなかったのです。これがわれわれのはなはだ大なる過ちでした〉

要するに、中国の体制を維持するための歴史教育が不十分だった、と言っているのです。

愛国主義教育はどのように展開されたのか

鄧小平は、それまでの教育は間違っていたと判断し、若者だけではなく、中国国民全体を再教育しなければならない、と考えました。

まず、欧米列強の侵略まで含めて、建国までに要した苦しい道のりを教えます。その上で、「かつて中国は日本から侵略されたのだ」、「これからは二度と侵略されない強い国にしていくのだ」と、教育し直すことにしたのです。

彼らは、即座にこれを実行しました。こうして「愛国主義教育」が始まります。中心になってこれを推進したのが、鄧小平の後を継いだ江沢民《こうたくみん》です。

中国は共産党の一党独裁なので、一旦こうと決めたら、変わり身は早いのです。

こうして共産党の命令一下《いっか》、本当にもう、昨日とは百八十度違ったことを言い始めます。小・中・高・大学を通じて、中国には純粋な「私学」というものは存在しません。どの学校にも、共産党の支部がもれなく配置されていますから、事実上全ての学校が〝国営〟と言っても過言ではありません。

一九九四年に「愛国主義教育実施要綱」ができて、愛国主義教育のキャンペーンが中国全土で展開されました。イデオロギー的に言うと、その時、中国は共産主義、社会主義、あるいはマルクス・レーニン主義を実質的に捨てて、愛国主義的なナショナリズムに路線を転換したのです。九〇年代以降の中国は、実質的には共産主義・社会主義の国ではありません。愛国主義的ナショナリズムの国なのです。

鄧小平と江沢民は、民主化運動に抗し、共産党の一党独裁体制を維持し、生き延びるためには、そうするしかないと判断して、その方向に舵を切ったわけです。このことを我々は、冷徹な事実として認識する必要があります。

共産党が愛国主義教育として、具体的に行ったことは、次の三つです。

第一に、歴史教科書を全面的に書き換えました。諸外国による、中国への侵略と迫害を特筆大書するようになったのです。それまで中国の教科書というのは、基本的には中国革命の成功と中華人民共和国の建国について、肯定的な記述で書かれた教科書でした。これが百八十度ひっくり返り、中国は列強の侵略を受けた「被害者」なのだという論調で、教科書を書き直しました。

これまでの公式見解だった、毛沢東的な〝勝者の物語〟でなく、日本や西洋に侵略を受けた〝被害者としての物語〟を、専ら歴史で教えるようにしたわけです。これを「国恥《こくち》教育」と言うのですが、要するに中国の近現代史は、日本から被害を受けた〝恥の歴史〟なのだということです。

第二に、全国津々浦々に「愛国主義教育基地」を設けました。戦跡や博物館、記念館などの百箇所を、愛国主義教育の模範基地に定めたのです。このうち抗日戦争に関わる基地は二十箇所、つまり五分の一なので、相当な比率です。

北京にある中国人民抗日戦争記念館や南京大虐殺記念館もこの中に含まれています。愛国主義教育基地を指定したのは、学校の生徒や軍人、役人などに見学させるためです。半強制的にではありますが、南京大虐殺記念館は一九八五年にオープンして以来、六千万人以上の人々が訪れている、と人民日報は報じています。今では愛国主義教育基地は、中国全土に一万箇所以上あると言われています。愛国主義教育基地を団体で見学する小中学生は全部、入場無料にしています。そうやって学校教育だけでなく、社会教育の場でも、ナショナリズムの教育を推し進めているのです。

第三に大衆文化、娯楽メディアを徹底的に利用しました。例えば、二〇〇四年に政府は「愛国主義教育のための三つの百」というプロジェクトを立ち上げています。「三つの百」というのは、中国共産党の〝お勧め〟の映画と歌と本のことです。それぞれ百本、百曲、百冊を選び、模範的なものとして全国民に示すわけです。こうして娯楽メディアを巻き込んだプロパガンダを行い、一九九五年には、抗日戦争勝利五十周年を祝う、一万件以上の公式行事やイベントが行われています。

こうした教育の必然的な結果として、二〇〇五年の反日デモには、大学生や若者が〝大挙して〟参加するに至ったのです。この反日デモでは、若者が口々に「愛国無罪」と言っていたのが印象的でした。この言葉をスローガンのように叫びながら、デモに参加していたのです。「愛国」という言葉が、中国では大手を振ってまかり通っていて、彼らは「愛国」と言えば、全てが許されるような教育を受けているのです。

愛国教育の一環として、二〇〇七年には、中国の全大学生が「中国近現代史」を必修科目として学ぶようになりました。それまで、大学生の必修科目は「マルクス・レーニン主義」や「毛沢東思想」という授業だったのですが、この時に一斉に、それが「中国近現代史」に取って代わられたのです。「中国近現代史」というのは、要するに「中国は日本から侵略された」という、恥の歴史です。必修で、こういう歴史を教えられれば、「反日」にならない方がおかしいと言えるでしょう。

その後、二〇一二年の反日デモでも、やはり「愛国無罪」という標語が掲げられたのは、記憶に新しいところです。

今の中国は、愛国主義的ナショナリズムの国

今の中国が目標にしているのは、共産主義社会の実現ではなく、「中華民族の偉大なる復興」です。きわめてナショナリスティックな目標なのです。

これは習近平だけが言っている話ではありません。一九八〇年代から「中華の振興」というスローガンがありました。江沢民も「中華民族の偉大なる復興」と言っています。この方針は胡錦濤《こきんとう》時代にも受け継がれていたのです。

近年の端的な事例は、二〇〇八年の北京オリンピックです。この大会で、中国は多くの金メダルを取りましたが、いろいろな悶着《もんちゃく》も起きています。聖火リレーをめぐっては、日本でも長野などで抗議運動が起きました。聖火ランナーが走る

途中の道筋で、「中国は人権を弾圧する国だ。こんな国にオリンピックを行う資格はない」という抗議運動が世界の各地で起きた時、中国は全世界に散らばった中国人や華僑を総動員して、これを妨害しました。

中国人は、何かあると自分の国を救うために団結します。こうした愛国主義的ナショナリズムが、近年非常に高まっています。教育の〝成果〟の一つとして、こういうことが現実に現れているわけです。

中国の反日宣伝に対抗するには、どうすればよいのか

次に、中国の反日宣伝への対抗策について考えてみます。対抗策にも、いろいろなレベルのものがありますが、最初に国内的なことから申し上げます。

まずは「日本は中国に対して悪いことをしたのだ。謝らなければいけない」という贖罪《しょくざい》的な歴史観を、根本的に払拭《ふっしょく》する必要があります。「日本は中国を侵略し

たんだ」という歴史観がある限り、日本はどこまでも中国に付け込まれるからです。鳩山由紀夫氏や小沢一郎氏、河野洋平氏、橋下徹氏なども、こうした歴史観を持っていますが、これが、中国に付け込む隙《すき》を与えるのです。

一番典型的なのは「南京大虐殺」です。前述のように、これは中国発のプロパガンダです。典型的な〝ためにする議論〟であることは、もうはっきりしています。ですから、中国のプロパガンダを鵜呑《うの》みにして、教科書に書いてはいけません。教科書に書くと、皆が事実だと思ってしまいます。私も大学生の頃は、これが事実だと思っていました。普通に教育を受けたら、そうなるのです。

ではなぜ、南京大虐殺が教科書に書かれるのでしょうか。それは、この国に贖罪史観、自虐史観を持った学者が、山のようにいるからです。学者や政治家だけでなく、教師の世界を見ても、日教組をはじめとしてこの種の先生ばかりなのです。

マスコミはどうでしょうか。朝日新聞やＮＨＫなどが典型的です。彼らは、最初から「日本はアジアを侵略した悪い国だ」と決めつけており、そういう先入観から逃れられません。朝日新聞は、これだけ叩かれてもまだ懲《こ》りていません。

戦後七十年を機に、安倍談話が出される前のことですが、朝日新聞などは、河野談話や村山談話が破棄されるのではないかと恐れていました。そこで、「安倍首相は村山談話や河野談話を変えようとしている」と盛んにアメリカにご注進をし、外圧を利用する形で、それを阻止しようと画策していました。当然、中国にも一生懸命、ご注進をしていました。中国が怒ると、日本は〝へこむ〟からです。

教科書誤報事件の時には、これが非常に効きました。教科書検定基準に近隣諸国条項ができて、日本の教科書の「南京大虐殺」や「侵略」に関する記述を改めることが難しくなったのです。

ですから、そのような教科書検定基準は撤廃すべきですし、何よりも日本人がしっかりした歴史認識を持つ必要があります。プロパガンダと歴史事実をしっかり峻別する歴史観を我々自身が持ち、次代を担う子供たちにも、そのことをしっかり教えなければいけません。これが一番、根本です。これは歴史学、または歴史教育の問題です。

日本の〝大虐殺〟を喧伝《けんでん》しながら、人権弾圧を行う中国共産党

二番目はもっと政治的な問題です。国家戦略を根本的に改める必要があります。これは政治家の仕事です。

日本には歴史認識に関して、国家戦略が何もありません。今まで、何もしてきませんでした。だから、中国にも韓国にもやられっ放しです。南京大虐殺でも、慰安婦の問題でもそうです。

そもそも中国においては、歴史認識というのは歴史学の問題ではないのです。一方、日本ではこれは歴史学の問題です。「南京大虐殺は本当にあったのか」「当時、南京に何人住んでいたのか」「大虐殺の証拠はどこにあるのか」というのは、歴史

学上の〝事実〟の問題です。

史実、即ち歴史の〝事実〟の上に立脚しない歴史認識は、日本には存在しません。建前上、左翼でも一応、そうした認識は堅持しています。ところが、中国はそうではないのです。ここが大切なところです。

中国では、歴史認識は歴史学的な〝事実〟の問題ではないのです。政治の問題なのです。そういう感覚は、日本人にはなかなか解りません。しかし、これが解らないと、中国は理解できないのです。

彼らにとって、「南京で実際に何が起こったか」という問題は、実はどうでもよいのです。そもそも中国には、一九六〇年代に文化大革命で何千万人もの自国民を殺しています。また、チベットやウイグルでも、数百万人という周辺民族を殺しています。今も、外国には見えないところで、こうした人権侵害を平気でやっているわけです。なかなか表には出てきませんが、裏ではやっています。

中国では、しばしばウイグルやチベットで暴動が起こります。「今日もどこかで暴動が起きた」と小さくニュースが報じますが、こうした報道は本当の事実とは違うことが多いのです。暴動が起きたのではなく、わざと公安当局が〝暴動〟を起こさせているのです。

ウイグルやチベットの人々は、日頃から中国共産党に苛《いじ》め抜かれ、弾圧されていますので、「民族としての権利を認めてほしい」と平和的手段で訴えています。ところが、それに対して中国共産党の私服の特務機関員が、殴りかかったりします。そうして、わざと暴力行為を引き起こすのです。自分から仕掛けることで、ウイグル人やチベット人を武力で鎮圧する〝口実〟を作るわけです。

彼らに「犯罪者」の汚名を着せ、民族問題を単なる「民衆暴動」に矮小《わいしょう》化して押しつぶします。これが中国のやり口です。暴動ではなく、当局の〝やらせ〟なのです。反日デモも、ほとんどが〝やらせ〟です。ほぼ一〇〇%そうです。中国共産党の指令に基き、大学生などが「愛国無罪」を叫んでいるだけなのです。

中国は、「日本が今から八十年も前に南京を占領した。その時に三十万人殺された」「だから日本は許せないのだ」と、耳にタコのできるほどあらゆる機会を捉えて、子供たちに教え続けています。

そのくせ、天安門事件や文化大革命、今のチベット、ウイグルでの虐殺に関しては、完全にそしらぬふりをしています。残念ながら、中国はそうした国です。

彼らにとって、南京で中国人が何十万人殺されようが殺されまいが、本当はそんなことはどうでもいいのです。彼らの皮膚感覚からすれば、実際に共産党政権の下で、その十倍も百倍もの人を殺しているからです。しかし、南京大虐殺を言い出せば、ヘイコラする政治家が日本にはたくさんいます。だから、歴史カードが通用する間は、何度でもそれを言います。

靖国参拝の問題もそうです。安倍首相が参拝できないのは、頼みもしないのに、中国の主張を日本のマスコミが代弁しているからです。マスコミが政治家に無言の圧力をかけています。そうなると、参拝したくても安倍首相は身動きが取れません。平成二十五年（二〇一三年）の暮れに参拝しましたが、実際、あれ以降は参拝できていません。

マスコミが中国の尖兵《せんぺい》となって目を光らせているので、迂闊《うかつ》に参拝できないわけです。

正しい歴史認識を世界に発信せよ

では、こうした中国の反日宣伝を無化するためには、どうしたらいいのか。

中国に対抗して、日本から正しい歴史認識を、世界に向けて発信しなければなりません。但し、中国のような嘘のプロパガンダではなく、正しい歴史を世界に発信する必要があります。

そのような観点からすると、外務省はっきり言ってダメなのです。今でも外務省には、「チャイナスクール」と呼ばれる中国シンパがたくさんいます。彼らは、ろくな仕事をしていません。

今、外務省が一生懸命進めているのは、「ジャパンハウス」という入れ物なのです。彼らは、ここで「和食とアニメを世界に発信するんだ」と言うのです。しかしそれは、わざわざ外務省が発信するまでもないことです。和食はユネスコの無形文化遺産に登録されましたし、アニメは既に世界に冠たる日本の文化です。放っておいても拡がっていきます。

外務省は、これが戦略的対外発信の雛形《ひながた》だと言っていますが、おかしな話です。もっと他に、やるべきことがあるのではないでしょうか。例えば、尖閣諸島の問題にしても、日本は全然、国際宣伝が足りていません。外務省のホームページに英文で日本の立場を載せても、そんなものは誰も見ないのです。そうではなく、ここは中国のやり方を見習う必要があります。

彼らはワシントンにある中国大使館を拠点として、徹底的にロビー活動をしています。ロビー活動とは、議員を味方につける活動です。中国は、アメリカの議員をロビー活動で中国の味方につけようとしています。二〇一三年の時点で、アメリカ議会へのロビー活動を担当する人間が十数人いて、日本大使館の議会班の、だいたい三〜四倍の規模と言われています。

彼らは具体的には何をやっているかというと、アメリカの議員や補佐官などを頻繁に中国旅行に招き、要人と引き合わせたり、歴史問題で議論を交わしたりするわけです。こうして歓心を買い、中国の一方的なプロパガンダを、アメリカ人の議員に日常的に浸透させようとしているのです。

日本の外務省は、こうした対外工作活動においては、中国に量的にも質的にも圧倒的に負けています。だから、「尖閣は中国のものだ」というプロパガンダが、歴史上の事実と関係なく、世界中に拡がっていきます。受け身ではダメなのです。もっと能動的に、アメリカの議会にも働きかける必要があります。

日本の国際宣伝で圧倒的に足りないのは、日本の主張を英文で発信することです。例えば、南京大虐殺一つ取っても、外務省は一度たりとも、中国が主張する「三十万人大虐殺説」を、英文で論駁《ろんぱく》したことがありません。

欧米に広がる中国の反日歴史観

アメリカの教科書では、南京大虐殺に関して、「日本はヒトラーと同じことをしたのだ」「ホロコーストをしたのだ」と教えています。

例えば、最近産経新聞が問題にしている、アメリカの「マグロウヒル」という会社の高校の世界史教科書には、こう書かれています。

〈日本軍は二か月以上にわたり七千人の女性を強姦し、数十万人の非武装兵士と民間人を殺害し、南京の住宅の三分の一を焼いた。日本人兵士は銃剣の訓練に中国人を使い、またマシンガンで撃ち殺したため四十万人の中国人が命を失った〉

教科書の見出しは、「The Rape of Nanking」です。これはもう、中国のプロパガンダをアメリカの歴史教科書で教えている状態になっています。日本が、中国の執拗なプロパガンダに対抗しないから、それが広まっているのです。

特に南京大虐殺は、中国系のアメリカ人作家アイリス・チャンが、一九九七年に*The Rape of Nanking*という本を出してから、アメリカで本格的に浸透していきました。これは、中国による完全な〝やらせ〟なのです。

この本を出させた「世界抗日戦争史実維護連合会」は、中国のプロパガンダ機関です。この抗日連合会ができたのは一九九四年で、江沢民が発動した愛国主義教育と同じ時期なのです。国内では愛国主義教育で青少年を洗脳しつつ、国外ではこうしたプロパガンダ機関を使い、アメリカ政府に中国の歴史認識を浸透させようとしてきたわけです。

その一番最初の動きが、アイリス・チャンの*The Rape of Nanking*でした。中国はこの本を、意図的にアメリカでベストセラーにしました。「南京大虐殺では、日本がヒトラー並みのことをしたのだ」「日本軍の中国人に対するホロコーストなのだ」という歴史認識を、アメリカ人の間に浸透させることに成功したのです。

だから、歴史認識の問題を、もっと国家戦略の問題として真剣に考えなければなりません。

中国の国際広報の予算は、数千億円の規模にのぼると言われています。

しかし、内閣官房に属する日本の内閣広報室の国際広報予算というのは、たった五十二億円です。これでも近年は飛躍的に伸びています。平成二十五年度（二〇一三年度）の国際広報の予算は八億円しかありませんでした。二十六年度（二〇一四年度）が十八億円、二十七年度（二〇一五年度）は五十二億円というように、それぞれ前年の二〜三倍に増加しています。

一方、平成二十七年度の外務省予算では、「戦略的対外発信」に七〇〇億円（前年度比で五〇〇億円増額）もの予算が計上されました。対外発信を重視する姿勢は評価しますが、その〝目玉〟が和食とアニメを世界に発信する「ジャパンハウス」の創設だというのでは、本来、政府がなすべき対外発信と言えるのかどうか疑問が残ります。

自由主義国を含めた多国間の歴史共同研究を

対抗策の三番目について述べます。

日本と中国の間で、あるいは日本と韓国の間でも、「歴史共同研究」が近年行われています。

しかし、中国と日本（あるいは韓国と日本）だけで歴史を共同研究しても、ろくなことにはなりません。中国は最初から、日本の〝侵略〟を歴史上の事実、正しい歴史観として認めさせることが目的だ、と公言しています。「日本が中国を侵略した」のは既定事実だとして、最初からそういう土俵を設定しているのです。

答えが既に出ている状況で向こうは臨んでくるので、中国はそこから一歩も引きません。そうすると、日本の方が妥協せざるを得ないわけです。日中歴史共同研究の報告書では南京大虐殺について、こう書かれています。

〈日本軍による集団的、個別的虐殺があった。その犠牲者は二万人から二十万人

だ〉

とんでもない話です。あれは「共同研究」という代物ではなく、中国の一方的な主張を飲ませられただけなのです。

私は歴史の共同研究をやるのなら、日韓、日中の二国間だけでなく、アメリカも含めた多国間の枠組みでやるべきだ、というのが持論です。なぜなら、非常に面白い結果が、アメリカ主導の歴史教科書の比較調査で、既に出ているからです。

浮き彫りになる中国の歴史観の歪み

ここでは、スタンフォード大学のアジア太平洋研究センターが行った、五カ国（日本、アメリカ、中国、韓国、台湾）の高校歴史教科書の比較研究の結果を紹介します。調査期間は二〇〇六年から二〇〇八年までの三年間です。

満洲事変、南京事件、慰安婦を含む強制労働、日本統治下での経済発展、日本への原爆投下、真珠湾攻撃、東京裁判、朝鮮戦争の起源。この八項目について、各国の歴史教科書がどう書いているかを比較した調査です。大変興味深い結果が判明しています。

調査したダニエル・スナイダーというスタンフォード大学の先生は、日本の教科書について、驚きを込めてこう述べています。

〈このプロジェクトで明らかになったのは、日本の教科書への批判が不当なものであること、特に海外報道においては全く不正確ということだ。（中略）日本の教科書が愛国的になってきているという指摘があるが（中略）、今回比較した中では日本の教科書は最も愛国的記述がなく、戦争の賛美などは全くしていない。日本の中国進出についての件《くだり》は全く事実をそのまま伝えており、（中略）非常に平板なスタイルでの事実の羅列であり、感情的なものがない〉

こういう分析をしているのです。

私たちが学校で習った歴史の教科書を思い起せば、こうした指摘が当たっていることが解ります。日本の教科書は、無味乾燥な歴史知識を並べているだけです。この報告のとおり、愛国的記述などはどこにもありません。これでどんなに受験勉強しても、まず、歴史好きにはなりません。

この辺りの欠陥を埋めるために書かれた育鵬《いくほう》社や自由社の歴史教科書は、少しは改善されていますが、教科書の全体的な傾向は、アメリカの分析の通りです。

一方、中国の教科書について、アメリカの研究者は面白いことを言っています。

〈歴史学の観点から見て、最も問題が多いのは中国の教科書だ。中国の教科書は全くのプロパガンダになっている。共産党のイデオロギーに満ちており、非常に政治化されている〉

歯に衣着《きぬ》せぬことを言っています。また、面白いことに、アメリカの国益から見た意見を、次のように述べています。

〈例えば、日本は中国によって敗北させられたことになっている。太平洋戦争に関してほとんど記述がなく（中略）、日本の敗戦は主に中国の抵抗のためであるとしているが、これは事実ではない〉

〈中国が日本を敗北させたというのは断じて正確ではない〉

彼らから見れば、太平洋戦争で日本を敗北させたのは、アメリカに決まっています。ところが、中国の教科書には、「自分たちが頑張って抵抗したから、日本は負けたのだ」と書いてあります。そんな事実でもないことを言うのはけしからん、と怒っているのです。「アメリカと日本の戦争に関して、部外者の中国が何を言っているか。でたらめ言うな」と憤《いきどお》っているところが、面白いのです。

南京大虐殺に関する中国の教科書の記述についても、こう分析しています。

〈（引用者注：教科書の）改訂前と後では大きな転換が見られる。（中略）南京事件などをより詳細に記述するなど、日本軍による残虐行為もより強調されている。つまり中国人のナショナリズムを煽《あお》っている〉（※ルビは引用者）

アメリカ人が分析すれば、アメリカの歴史認識の立場から、中国人の歴史認識がこのようにして相対化されるわけです。日本人の歴史認識も相対化されますが、そういうメリットがあります。

ついでに、アメリカと台湾の教科書に関する分析も少しだけ紹介しますと、アメリカは自国の教科書についてはこう指摘しています。

〈米国の教科書は第二次世界大戦について、アジアよりもヨーロッパでの戦争の

方に、より焦点を当てる傾向がある。ニュルンベルク裁判については、たくさんの記述があるが、東京裁判については大変少ない〉

明らかにアメリカの教科書は、アジアではなくてヨーロッパ重視なのです。原爆などはアメリカ人の機微に触れるところなので、分析すれば面白そうですが、アメリカ人はニュルンベルク裁判に比べると、東京裁判にはあまり関心がない、と書いていいます。

台湾の教科書については、次のように指摘しています。

〈台湾の新しい教科書では日中戦争の強調は抑えられ、南京大虐殺なども大幅に削っている。そのことで中国が台湾を批判している。だが、台湾の日本による植民地時代の論点は、（中略）日本の悪行を書いてはいるが、かなり正確な分析をしている〉

こうした優れた分析があるのです。

日中間でどれだけ歴史共同研究をしても、意味がありません。中国には、そもそも「言論の自由」がないからです。最初から結論が決まっているので、中国の学者は自分の意見をストレートに言えません。中国の国策に基づいた、結論に沿ったことしか言わないので、共同研究そのものが成立しません。

ところが、アメリカや他の自由主義の国々と一緒にやると、喧喧囂囂《けんけんごうごう》とした議論になります。真珠湾攻撃や原爆などに関しては喧嘩になるかもしれませんが、少なくとも議論が成立しないということはありません。同じテーブルで議論ができるようになります。

だから、喧喧囂囂と議論すればよいわけです。そうすれば、歴史を歪曲しているのはどちらの国なのか、日本なのか中国なのか。それが誰の目にも明らかになります。国際社会がそれを認めます。この意味は小さくありません。

私の結論は、中国と歴史の共同研究をやるなら、同盟国であるアメリカの学者も入れ、さらに、中国の脅威を実感している東南アジアや、民間の台湾人の研究者をも交えてやるべきだ、ということです。

今、日本と同じように中国の脅威を実感している国はフィリピン、ベトナム、台湾などです。中国は東シナ海だけでなく、南シナ海を狙っています。フィリピンやベトナムは、南沙《なんさ》諸島（スプラトリー諸島）で中国との間に領有権紛争を抱えています。日本はそういう国とこそタッグを組んで、一緒に歴史の共同研究をすべきなのです。

この四カ国（日本・中国・フィリピン・ベトナム）で共同研究をやれば、中国は圧倒的に不利になるでしょう。歴史を歪曲しているのは、一体どちらなのかが明らかになるはずです。

第四章

慰安婦問題を真に決着させるための歴史の急所

慰安婦問題の日韓合意は、果たして問題の解決に資するのか

平成二十七年（二〇一五年）十二月二十八日、日韓両国外相は共同記者会見で慰安婦問題に関し、以下のような合意に達したと発表しました。

・慰安婦問題は旧日本軍の関与の下、多数の女性の名誉と尊厳を深く傷つけた問題であり、日本政府は責任を痛感している。
・安倍首相は全ての元慰安婦の女性に心からおわびと反省の気持ちを表明する。
・日本は、韓国が元慰安婦の支援を目的に設立する財団に十億円を拠出し、協力して事業を行う。
・韓国は、日本とともに、問題が最終的かつ不可逆的に解決されることを確認する。
・韓国は、在韓日本大使館前の少女像について、適切に解決されるよう努力する。
・両国とも、国際社会で互いの非難・批判を抑える。

この〝急転直下〟の日韓合意に対して、「両政府がわだかまりを越え、負の歴史

を克服するための賢明な一歩を刻んだことを歓迎したい」（十二月二十九日付朝日社説）、「素直に良かったことは良かった。安倍さんはよく決断した」（村山富市元首相）と、高く評価する向きもあるようですが、この合意は多くの点で将来に禍《か》根《こん》を残すものです。

第一に、慰安婦をめぐる国際的誤解を放置し、誤解の原点になっている河野談話の曖昧《あいまい》な表現を正さなかった点に、致命的な誤りがあります。「旧日本軍の関与の下、多数の女性の名誉と尊厳を深く傷つけた」というのは、河野談話の文言《もんごん》そのままですが、「旧日本軍の関与」（an involvement of the Japanese military authorities）を河野談話の文言そのままに、再び国内外に発信したことは、慰安婦問題の根幹にある事実誤認を、日本政府も認めたと国際社会では解釈されます。日本軍は二十万人ものいたいけな朝鮮の少女を強制連行して、「性奴隷」にしたのだという、国際社会に広がっているとんでもない誤解を、日本政府は追認したことになってしまうのです。その意味で今回の日韓合意は、「第二の河野談話」以外の何物でもありません。

第二に、昭和四十年（一九六五年）の日韓請求権協定によって、慰安婦を含む戦後補償問題は「完全かつ最終的に解決された」はずです。今回の日韓合意は、日本政府のそうした立場から見ても、重大な〝逸脱《いつだつ》〟と言わざるを得ません。河野談話後に設けられた、かつてのアジア女性基金でさえ、慰安婦への「償い金」は民間の募金で賄《まかな》ったのに、ここに来て首相が「元慰安婦の女性に心からおわびと反省の気持ちを表明」して十億円もの国費を充当し、これをもって「最終的かつ不可逆的に解決される」としたことは、また将来において同様の事態が生ずる懸念を払拭《ふっしょく》できません。その時にはいくらのお金を払い、「今度こそ最終的かつ完璧に解決される」とするのでしょうか。きりがありません。

第三に、この合意によって慰安婦問題が「最終的かつ不可逆的に解決される」保証は、どこにもありません。少女像の撤去問題一つをとっても、これは韓国政府の「努力」規定に過ぎません。撤去・移転に強硬に反対する挺対協《ていたいきょう》（韓国挺身《ていしん》隊問題対策協議会）を韓国政府が説得できなければ、問題は解決しませんし、たとえ移転されたとしても、韓国の国内外における慰安婦像建設の動きには、一層拍車がかかるでしょう。結局、慰安婦に関する事実誤認を放置したままで〝臭《くさ》いものに蓋《ふた》〟をしようとしても、「最終的かつ不可逆的」な問題解決にはつながらない、ということです。

「慰安婦」資料のユネスコ記憶遺産化を狙う韓国

韓国では元慰安婦の支援団体が、自国内の慰安婦関連資料をユネスコ世界記憶遺産に登録しようとして、二〇一六年の申請に向けて準備しています。

今回の日韓合意は、「両国とも、国際社会で互いの非難・批判を抑える」とありますが、韓国政府は少女像同様、民間の運動には干渉しないとの立場に立っており、二〇一五年に「慰安婦関係資料」の申請を却下された中国が、韓国の民間団体と連携する可能性は十分にあります。慰安婦問題が「反日カード」として利用されてきた過去の経緯を考えれば、中韓両国の今後の動向に対して、日本としても細心の注意を払う必要があります。

事実関係としては、日本政府の調査によっても、アメリカ政府の調査（『ナチス戦争犯罪と日本帝国政府の記録の各省庁作業班（ＩＷＧ）アメリカ議会あて最終報告』）によっても、慰安婦が日本軍に強制連行された「性奴隷」だという証拠は、一切出てきていません。

しかし、慰安婦を「性奴隷」とする韓国側の主張が、世界中に拡散している現状に鑑み、本章では慰安婦を中心とする、韓国の反日プロパガンダへの対抗策を考えてみたいと思います。

日本軍人と慰安婦の人間臭い関係

私は、いわゆる「慰安婦」についての日本政府の調査資料（『政府調査「従軍慰安婦」関係資料集成』全五巻、龍渓書舎）を全部、読んだことがあります。二千ページほどの膨大な史料なのですが、その意外な内容に驚きました。

慰安婦に関しては、悲惨な「性奴隷」のイメージが固定化しており、〝軍人にのべつまくなしにレイプされまくっていた〟という、抜き難い先入観があります。それが事実なら悲惨そのものですが、史料を読むと、どこからも「奴隷」というイメージが浮かんでこないのです。世の中のイメージと、実態との違いを感じました。

実は慰安婦たちは大変な高給取りで、多額のお金をもらい、ぜいたくな暮らしをしていました。実際に、そういう史料が出てきます。また、史料を読んだ限りでは、慰安婦と日本軍人の関係は、それほどギスギスしていません。軍人と慰安婦との間には、もっと人間臭いものがあるのです。

慰安婦も軍人も生身の人間です。実際には、戦場であればあるほど、軍人は休息や安らぎを求めています。故郷に遺してきた恋人や母親の面影を求めて、慰安所に通う軍人さえいるのです。強姦が多発し、その反省から多くの兵隊の性欲処理のために慰安所を設けたのは事実です。しかし、それがつくられた理由の全てではありません。これは、少し考えてみれば解る話です。

戦場には男しかいません。むさ苦しい戦地では、慰安所だけが唯一、異性に触れ合える場所なのです。戦場では得られない家庭の安らぎをそこに求める兵隊も、実際にはたくさんいました。

そうした兵隊は、必ずしも性欲を満たすためだけに慰安所に通ったわけではありません。故郷に帰った時のように、恋人や妻のような女性に会いたいと思っていた人もいれば、あるいは性的な意味さえなく、おふくろのような温かい女性に触れたいと思っていた人もいました。

驚くべきことに、慰安婦は自然と物持ちになるのです。なぜかというと、兵隊があれもこれもとプレゼントするからです。この心理が解るでしょうか。兵隊から見れば、自分のお気に入りの慰安婦が、プレゼントをもらって喜ぶ顔を見るのは非常に慰めになり、嬉しいわけです。ですから、器量のよい慰安婦には、兵隊からのプレゼントが山のように集まりました。その例を挙げてみましょう。

昭和十六年に軍隊からモルヒネの注射液や蚊取り線香などが横領されたり、倉庫から白米や味噌、砂糖が盗まれたりする事件が頻発しました。憲兵が調べたら、陸軍の衛生軍曹や衛生一等兵が、「馴染《なじみ》慰安婦の歓心を買はんが為」に盗んだことが判ったのです。この場合、物を盗んでまで慰安婦にせっせと貢《みつ》いだのは、帝国軍人のほうです。

実際の事例を見ると、慰安婦と軍人の関係は一般に言われているような、慰安婦は軍人にいたぶられ、〝性の慰みもの〟にされたというような関係ではないことが解ってきます。

慰安婦も軍人もやはり人間なので、恋をします。「惚《ほ》れた腫《は》れた」という話も、実際にはあるのです。軍人の性の欲望を満足させるために強制連行し、慰安婦を奴隷のように不自由な環境に囲い、レイプしていたわけではありません。

もう一つの例を、政府資料から紹介してみましょう。ある軍人が、慰安婦に恋をしました。その軍人は、将来一緒になりたいと思い、その女性を呼び出し、慰安婦をやめさせようとします。「自分が借金を肩代わりするから」と言ったわけです。

しかし、この慰安婦は断りました。そうしたら、その軍人は「この慰安婦には自分以外の恋人がいるんだ」と思い込んだのです。嫉妬のあまり、この軍人はピストルを持ち出して、慰安婦に発砲して重傷を負わせてしまいました。その軍人自身も自暴自棄になって、ピストルで自殺してしまいます。自殺の原因について政府資料には、「将来同棲《どうせい》を志したる慰安婦の同意を得ざりしを、他に情夫《じょうふ》ありと邪推嫉妬曲解興奮せるに因《よ》るものと認む」と書かれています。

これは、とても人間臭い事件です。慰安婦がただの性奴隷であり、軍人の欲情を満足させるためだけの存在だったら、そもそも、こんな事件は起こりません。その辺《あた》りをしっかり見なければ、決して慰安婦問題の核心は解らないのです。

時代とともに、韓国側の報道姿勢も変わってきた

韓国では、日本軍は慰安婦を「強制連行」した。慰安婦は「性的奴隷生活」を強要された、などと言われています。ところが、四十年ほど前の韓国紙の記事を見ると、全然、違う話が書かれています。

ここでは、「ラバウルマダム」と呼ばれた人の例を挙げてみましょう。

〈ラバウルマダム（本名金貞順）は日帝末期、日帝海軍武官、松本の愛妾《あいしょう》として数十人の慰安婦を連れ、南太平洋ラバウル諸島にまで慰安遠征に出向き、ラバウルマダムとの俗称を得た当代の女傑《じょけつ》だ〉（『京郷新聞』一九七七年六月六日付）

ここには韓国人の女将《おかみ》は出てきますが、日本軍の話は出てきません。海軍武官の「松本」という名前は出てきますが、軍による慰安婦「強制連行」の話は出て

こないのです。

金貞順は日本の軍人の愛妾です。この人が愛人の「松本」という名の海軍武官を追いかけて、ラバウルまで行ったのです。数十人もの慰安婦を引き連れて、「慰安遠征」をしたと言われています。この女性は、韓国で売春宿を経営していたと思われます。そのため、自分のところで使っている売春婦を、全部引き連れていったのでしょう。

この話は、日本軍による強制連行とは、一切関係ありません。この女将が愛人の日本の軍人の後を勝手に追いかけて、慰安婦の商売を始めたことが解ります。「かの地で慰安所を開いて、ラバウルマダムの名をはせた」という武勇伝の一種ですが、注意していただきたいのは「当代の女傑」という言葉です。女傑とは、「女ながらもあっぱれ」というほめ言葉です。これは強制連行とは違います。彼女はラバウルまで日本軍を追いかけて行って、慰安婦の商売をした。そのことを「当代の女傑」と、韓国の新聞が肯定的に持ち上げているわけです。

こうした書き方は、今の韓国紙では絶対にありえません。そんなことを新聞に書き立てようものなら、韓国中が〝上を下へ〟の大騒ぎになります。記者は元慰安婦の家である「ナヌムの家」に連れて行かれ、土下座をさせられるでしょう。今の韓国では、必ずそうなると断言できます。このように、慰安婦に関してはわずか数十年で、韓国の歴史認識は百八十度、変化しているのです。

もう一つ、昔の報道の事例をあげてみましょう。今から三十五年ほど前の記事になりますが、靖国参拝と憲法改正についての韓国紙の論評です。

〈第三者の目から見た時、靖国神社はどの国にでもある「国立墓地」にすぎず、世論の八十パーセント以上が既に自衛隊の存在を肯定的に評価している以上、憲法をより現実的なものに改正するのは当然だ〉

ここで言う「憲法」というのは、日本国憲法のことです。産経新聞を間違えて引用したのかと思われるかもしれませんが、実はこれは朝鮮日報の記事なのです（一九八一年五月九日付）。このような記事は、今の韓国紙ではありえません。こんなことを新聞に書いたら、韓国中で袋叩きになります。即時廃刊です。

こうした例からも解るように、韓国の世論や日本に対する歴史認識は、わずか三十数年前にさかのぼるだけで、全然違うのです。

朝日新聞社の慰安婦誤報の検証は不十分

では、慰安婦はいつから、韓国でも問題視されるに至ったのでしょうか。

前述のラバウルマダムに関する新聞記事からも解るように、韓国でも終戦直後は、全然問題視されていません。結論から言えば、この問題の全ての出発点は、吉田清治と朝日新聞にあるのです。一九九〇年代初頭に、朝日新聞が慰安婦を「女子挺身隊」として取り上げ、慰安婦「強制連行」のプロパガンダ記事を何度も流しました。これが韓国に〝飛び火〟したのです。

慰安婦を「奴隷狩り」のようにして強制連行したという、吉田清治の証言が虚偽報道だったと朝日新聞が認めたのは、平成二十六年（二〇一四年）の八月五日です。朝日は既に昭和五十七年（一九八二年）から吉田証言の虚報を流していましたが、三十二年も経ってから、それを紹介した記事十六本を取り消したのです（その後、第三者委員会の指摘を受けて二本追加）。

重大な誤報なのですが、朝日がつくった第三者委員会は、吉田証言が「韓国に影響を与えなかった」と結論づけています。本当にそうなのでしょうか。

日本軍が慰安婦を「強制連行」した、と朝日新聞が大々的に報道したのは、宮澤首相が韓国で何回も謝罪した一九九二年のことです。一方、韓国の教科書に慰安婦が初めて登場するのは一九九七年版からです。それまでは韓国の教科書も、慰安婦については一切言及していませんでした。

韓国の教科書は十年刻みで改訂されます。八七年版の教科書が出された時点と、九七年版の教科書が出された時点の、ちょうど中間の一九九二年に、朝日新聞による慰安婦「強制連行プロパガンダ」のピークが来ているのですから、朝日新聞が報道した吉田証言の影響が出たと思うのが普通でしょう。

これを検証するため、朝日新聞の第三者委員会とは別に、民間の有志が集まって「独立検証委員会」（委員長は京都大学名誉教授の中西輝政氏、副委員長は東京基督教大学教授の西岡力氏、筆者は事務局長）をつくりました。そして、朝日新聞の慰安婦報道に関して、委員会としての報告書を出しています。平成二十七年（二〇一五年）二月十九日に記者会見を開いて報告書を公表しましたが、翌日付で産経、読売、朝日の各紙がこのことを記事にしました。

朝日の慰安婦誤報が韓国にどのように波及したのか

一九九七年に出た韓国の教科書には、次のように書かれていました。

〈このとき、女性までも挺身隊という名目で引き立てられ、日本軍の慰安婦として、犠牲になったりした〉

この「挺身隊」に語句説明の脚注があります。

〈従軍慰安婦をさす。一九三八年頃から大規模に集められ、一九四三年からは「女子挺身隊」の名のもとに約二十万人の朝鮮人女性が労務動員され、そのうち若い未婚の女性五～七万人が慰安婦として戦場に連れて行かれ、日本兵の相手をさせられた〉

これは、朝日新聞の影響抜きには考えられません。我々が調べてみたら、案の定、次のような事実が判明しました。

まず、吉田清治の証言から取り上げます。彼は、朝日新聞が慰安婦「強制連行」の初報を出した段階（昭和五十七年〔一九八二年〕九月二日付）で、次のように述べていました。

〈朝鮮人慰安婦は皇軍慰問女子挺身隊という名で戦線に送り出しました〉

慰安婦を「女子挺身隊」という名で送り出した、と吉田清治は言っています。慰安婦と挺身隊を意図的に混同していますが、挺身隊は慰安婦とは関係ありません。大東亜戦争では男はみな兵隊に引っ張られ、人手を取られるので、国内の労働力が圧倒的に不足しました。その労働力不足を補うために、女性を工場に勤労動員したわけです。具体的には弾を作ったり、飛行機を造ったりといったことですが、それが挺身隊です。目的が違うので、慰安婦とは何の関係もありません。これは、朝鮮半島でも同じです。

ところが、吉田清治は慰安婦について、「女子挺身隊の中から若い日本の女性を連行して、日本兵の相手をさせた」という嘘の証言をしました。それで、この嘘が韓国に飛び火したわけです。

先ほども紹介しましたが、平成四年（一九九二年）の一月に朝日新聞が歴史事実に反したプロパガンダ報道をした結果、宮澤首相が韓国に行って謝りました。また、同時期に韓国国内では、韓国紙が「日本は十二歳の少女まで慰安婦にした」と言ったので、大騒ぎになりました。

しかし、これは誤解です。韓国の小学校の学籍簿に「十二歳の少女が挺身隊にいた」という記録が残っていただけです。この十二歳の少女は、勤労動員で日本の富山に行きました。これを韓国紙が、「日本は十二歳の少女まで慰安婦にした。とんでもないことだ」と煽《あお》ったのです。

朝日新聞が取り上げた吉田の嘘話が韓国に伝わり、韓国紙の誤報も重なった結果、韓国内では国を挙げた大騒ぎになったのです。嘘が嘘を呼んだのですから、吉田清治と朝日新聞は同じぐらい悪いのです。彼らは何と罪深いことをしたのでしょうか。私はこれに関して、怒りを抑えることができません。

朝日新聞が「挺身隊」と「慰安婦」を意図的に混同させた記事を書いた回数を全て調べたところ、朝日は全部で三十三回、「挺身隊」と「慰安婦」の混同記事を書いていました。前述の独立検証委員会の報告書には、その記事リストがすべて入っています。

今回、朝日新聞が吉田証言を取り消して謝罪したら、日本では〝四面楚歌《しめんそか》〟の状態になりました。どの新聞も朝日が悪いと感じたようです。普段は朝日とほとんど論調を同じくする毎日新聞までもが、「この問題は朝日に責任がある」と言い出しました。そのため、朝日新聞は仕方なく謝罪するとともに、慰安婦報道を検証するために「第三者委員会」を設けたのです。

その後も朝日の慰安婦報道を擁護したのは、韓国の新聞だけです。韓国の新聞は、今でも朝日新聞に絶大な信頼を置いています。それほど、韓国に対する朝日の影響力は大きいのです。

現代の価値観で慰安婦という歴史事象を解釈することは不適切

慰安婦は非常にデリケートな、解決の難しい問題となり、日韓間で一番の懸案事項になっています。これに関して、私は次のように考えています。

まず、慰安婦は一つの歴史事象ですが、これを現代の価値観で安易に評価してはなりません。慰安婦はよく、女性の人権との関係で言及されます。朝日新聞は、「慰安婦という存在自体が、女性の人権上、許されない」としきりに述べています。現代の価値観からすれば、確かにそう言えるでしょう。

しかし、歴史には今の価値観だけでは見えない部分があるのです。「性奴隷」という先入観で見ると、先ほども述べたような、実際に軍人と慰安婦の間にあった、人間的な情の部分が全部、捨象されてしまうのです。

先ほどの「惚れた腫れた」に関する話を続けると、実は、慰安婦に結婚を申し込んだ軍人もたくさんいました。実際に結婚に至った事例さえあるのです。「そんなバカな」と思う人がいるかもしれませんが、これは本当の話です。
日本軍の慰安係長をしていた人が、実際にこういう証言をしています。

〈筆者が特殊診療所担当の折、一人の慰安婦が男を連れて帰国のあいさつに来たことがあった。女は平生《へいぜい》から目立たない、大人しやかな中年増《なかとしま》で、男は真面目そうな軍属だった。二人は内地へ帰って所帯を持つのだといそいそしていたが、荷物が多いので、これからトランクを買いに行くといった。私は買ったまま使わないで部屋に置いたきりになっている安物のトランクを思い出し、どうせ使わないものなら、この二人に貸してやろうと思いついた。

(中略)あとになって〔内地の〕留守宅から手紙があり、この二人が連れだってトランクを持参し、丁重に礼をのべたと知らされた〉(長沢健一『漢口慰安所』)

「丁重に礼を述べた」というのは、慰安係長が妻から知らされたのでしょう。

〈彼らはきっと、日本のどこかで幸せな生活を営んでいることであろうと、私は暖かい気持に浸ったが、そのような慰安婦もいたのである〉（前掲書）

軍属の男が慰安婦と結婚したという話です。軍属というのは、軍に所属する民間人のことで、軍人とは異なりますが、この文章を読むと、慰安婦は「性奴隷」ではないということが、よく解ります。彼女のように、実際に結婚して幸せになった慰安婦もいたわけです。

しかし、「女性の人権」や「性奴隷」といった現代の価値観やレッテルで見ると、普通に読めば解ることも見えなくなります。これが、慰安婦を考える際に一番気を付けるべきことです。

第二に、慰安婦は当時は、合法的な存在だったということです。社会的に公認された存在だったのです。当時は、公娼制度がありました。金品などの対価を受けて男性と性的関係を持つ「娼婦」という存在が認められていたのです。こういうことも、知っておく必要があります。

第三に、慰安婦が生まれた歴史的背景を考えなければなりません。

当時は「身売り」と言って、お金欲しさから、ひそかに親が娘を売春業者に売ることが、普通に行われていました。日本でも昭和初年代、貧しい東北地方の農村では身売りが横行しました。そうしなければ食べていけず、一家全員、餓死してしまうからです。

娘を売って家族が助かるか、それとも売らずに全員餓死するかという、ギリギリのところに追い詰められた家族を、毎日おなかいっぱい食べて、飽食している現代人が、「女性の人権無視だ」と糾弾できるのでしょうか。

私にはできません。彼らは背に腹をかえられない状況に置かれていたからです。「人権が大事だ」と偉そうに批判する前に、当時、貧しい家庭では、そうせざるをえなかった事情を考えなければいけません。

娘を売りたい親など、どこにもいません。みな、泣く泣く手放すわけです。あるいは、往々にして、娘が事前に察知します。親が言い出す前に、家族の窮状を見かねて、娘の方から自発的に、身売りを申し出ることもありました。それは、とても悲しい話です。しかし彼らにとって、他にどういう方法があったと言うのでしょうか。

実際には娘が知らぬ間に、親によって売り飛ばされ、あるいは業者に騙《だま》されて、気がついたら慰安婦にされていた、という場合もあったでしょう。そうした場合、本人は「無理やり騙され、強制的に連れてこられたのだ」と主張することになるわけです。しかしこの場合でも、娘を騙したのは民間業者であって、日本軍が騙したわけではないのです。これは、慰安所と親の仲立ちをし、娘を売り買いして儲ける業者で、「女衒《ぜげん》」と言います。もう今では使われない言葉です。

第四に、軍が慰安婦を設置した大きな理由は、強姦対策と性病対策にありました。

そもそも、慰安所が設けられた理由は、兵士の強姦事件が多発したことにあります。これは日本軍だけではなく、韓国に駐留していた米軍でも同じようなことがありました。朝鮮戦争の時には、米軍慰安婦が存在したのです。その理由について、韓国人の学者が次のように書いています。

〈（引用者注：国連軍の）性暴行にさらされた村にソウルから売春婦がやってきた〉（崔吉城『韓国の米軍慰安婦はなぜ生まれたのか』）

この国連軍は、実質的には米軍です。

〈彼女たちが村で部屋を有料で借りて売春することを村人は歓迎した〉
〈私はそれまで、幼心で売春婦たちに対して非常に不良っぽいイメージがあり、心も身体も最低の女性たちだと思っていた。しかし親しくなってみると、本当に純粋な人が多い。家が貧乏で売春婦になった人が多く、堕落してそうなったとか、倫理や道徳がどうだとかいうことではまったくない。家族と自分が生きるために

やっているのであって、心はダメになっていない〉（前掲書）

朝鮮戦争時の韓国でも、似たようなことが起きていたのです。

〈売春婦の中で、「オヤ」「オヤカタ」と日本語でよばれる女性がいた。美貌の彼女は兵士に人気があった。三十人ほどいる売春婦の中でも英語力と貫禄があり、兵士が暴れたりすると解決する能力もあった〉（前掲書）

これはまさに、前述の「ラバウルマダム」を彷彿《ほうふつ》とさせる話です。このような実例を見ると、韓国も日本も同じだということが解ります。慰安婦は、当時の社会に必要だったから存在したのです。彼女たちは「性奴隷」ではありません。家の貧困の犠牲となり、家族の借金のカタを一身に背負い、その境涯から必死で這《は》い上がろうとしていた女性に対して、「性奴隷」などと呼ぶのは、失礼ではないでしょうか。

私は『「慰安婦」政府資料が証明する〈河野談話の虚構〉』という本を書いた時に、多くのことを学びました。慰安婦は、「女性の人権問題」や「性奴隷」という観点だけでは説明できないのです。

彼女たちは、貧しい時代の犠牲者でした。彼女たちに報いる方法は、お金をあげることでもないし、謝罪をすることでもありません。彼女たちは自分の体を張って、家族の貧困を助け、彼女たちがいなかったら起きたであろう、多数の兵士の強姦を未然に防いだわけです。後代に生きる我々は、そういった背景も全て理解した上で、彼女たちに感謝することしかできないはずだ、と思うのです。

韓国の「小中華思想」とは

慰安婦の問題は、また本章の最後で触れることにしますが、次に、もう少し視野を広げて韓国の歴史認識全般の問題点について、何点か述べてみたいと思います。最初に、韓国の歴史教科書の特徴について考えてみましょう。それは、古代や近世の文化の記述の箇所に、典型的に表れています。韓国の教科書には、日本人が読むと非常に鼻につく箇所があるのです。

例えば、百済《くだら》と新羅《しらぎ》と高句麗《こうくり》に分かれていた三国時代を見てみましょう。

〈百済は日本と政治的に緊密な関係を維持したので、三国中、日本文化に一番大きな影響を与えた。近肖古王《きんしょうこおう》のとき、阿直岐《アジキ》と王仁《ワニ》は日本へわたり、漢文・論語・千字文を伝えてあげ（中略）、日本に政治思想と忠孝思想を普及させてあげた。つづいて、聖王の時には仏教を伝えてあげ、そのほか天文・地理・歴法などの科学技術も伝えてあげた。

高句麗もたくさんの文化を日本に伝えてあげた。（中略）

新羅は船をつくる技術、ならびに堤防と城郭を築く技術を、伽耶《かや》は土器をつくる技術を日本に伝えてあげた。

このように三国は発達した文化を日本に伝えてあげ、日本の古代の飛鳥文化を生み出すうえで大きく貢献した〉

近世の朝鮮通信使の箇所も、これと同じ書き方です。

〈通信使は、その一行が一回に四〇〇名ほどで編成されたが、学者、芸術家、技術者などが含まれていた。したがって通信使は、外交使節としてだけではなく、私たちの先進文化と技術を伝えてあげる文化使節の役割もあわせてもち、日本の文化発展に大きく役立った〉

我々日本人から見ると、鼻持ちならない〝上から目線〟です。朝鮮はずっと中国の属国でしたが、こうしたものの見方は、彼らの「中華思想」と儒教的世界観から出てくるのです。

中華思想は、「中国が世界の中心だ」という考え方です。明の時代までは、この考え方が中国で中心になっていました。ところが、明から清に代わる時に、支配民族が代ります。清帝国は今の中国と同じ地域にありましたが、清をつくった女真《じょしん》族は漢民族とは違い、満洲にいた民族なのです。明が女真族に滅ぼされ、女真族が中国を征服したのです。こうなると、次第におかしな話になってきます。

朝鮮は、漢民族の明王朝に朝貢していました。それまでは、漢民族の王朝が世界の中心だと思っていたのに、自分たちと同じ周辺民族である女真族が、漢民族を征服してしまいました。これを見た彼らは、「朝鮮こそが中華の礼を受け継ぐものだ。自分たちが世界の中心なのだ」と主張するようになるのです。これを「小中華思想」と言います。

その〝世界の中心〟である朝鮮から見ると、日本などは文化の低い、卑しい野蛮人の国にすぎません。そのために、歴史教科書も「教えてあげる」「伝えてあげる」という、恩着せがましい表現になるのです。上から目線で、文化的優位性を誇るわけです。

これに関連して、もう一つの事例を紹介します。韓国人は今でも、「天皇」という言葉を使うのを、極端に嫌がります。中国人などは平気で「天皇」と言いますが、韓国人は皆嫌がって、教科書にも「天皇」という言葉を使いません。「日王」「日本国王」と言うのです。

我々日本人には解りにくいのですが、ここにも彼ら独自の世界観があります。東アジアの国際秩序を意味する「華夷《かい》秩序」の下では、朝鮮は属国にすぎません。しかし、日本は、属国の更に周辺に位置する「夷狄《いてき》」という位置づけです。「夷狄」とは要するに、野蛮人という意味です。

属国である朝鮮には、皇帝の臣下である国王しかいません。皇帝を置くことは許されないのです。皇帝は中国にしかおらず、朝鮮にいるのは国王だけです。彼らの華夷秩序からすれば、「天皇」は皇帝と同格になり、日本の方が〝格上〟になります。それは、彼らのプライドが許さないので、韓国人は「天皇」とは呼ばず、「日王」「日本国王」という格下の呼称を使うのです。

実にくだらない話ですが、韓国人には、いまだに「朝鮮が上、日本が下」という世界観の名残があります。これが折に触れ、顔を出します。特に、近代以降はそうです。日本は文化的に下であり、儒教的には弟の分際なのに、「兄貴である朝鮮を征服したのはけしからん」と思うので、どうしても我慢がなりません。

近代以降の彼らの歴史認識の根底には、そういうコンプレックスがあります。それが反日的なナショナリズムを掻《か》きたてる、根源になっているのです。

韓国は、日韓併合以前の李氏朝鮮時代を美化している

今の韓国の歴史教科書には、史実に反した箇所が数多くあります。なかでも一番歪曲がひどいのは、日本統治時代と、その前の李朝時代です。日本統治時代は、

〝地獄のような暗黒時代〟として描かれています。

対照的に、それ以前の李氏朝鮮の五百年間、十四世紀半ばから十九世紀までの李朝時代は「パラダイス（天国）」のように描いています。これほど史実に反した話はありません。

韓国教科書の近代史の書き方は、「それまで善良で幸福に過ごしてきた朝鮮に、日本という盗賊のような野蛮な国が、突如として土足で踏み込んできた。この侵略者によって、我が国は不幸にも滅ぼされてしまった」というストーリーになっています。朴槿恵大統領の「加害者と被害者という（日本と韓国の）立場は、千年過ぎても変わらない」という演説（二〇一三年三月一日）が話題になりましたが、まさに「韓国は被害者、日本は加害者」という歴史観なのです。

しかし、この「被害者史観」は事実とはかけ離れています。李氏朝鮮には低レベルの実物経済しか存在せず、国王と両班《ヤンバン》という支配階級だけが甘い汁を吸っていました。民衆はもう、悲惨の極致の暮らしをしています。現代の国の中で、李朝に一番似ているのは北朝鮮です。李朝は、そういう国でしかありませんでした。

李朝が貧しかったのは、それなりの理由がありました。李朝は儒教の教えを徹底させたので、商人や職人を徹底的に蔑《さげす》みます。だから、いつまでたっても商工業が発展しませんでした。逆に、日本の江戸時代には、商業が飛躍的に発展しています。

欧米列強の脅威が迫っても華夷《かい》秩序にしがみついていた韓国

彼らは十九世紀になっても、貢物《みつぎもの》を持って中国の皇帝にお伺《うかが》いを立てる、伝統的な朝貢システムを守り続けていました。貢物の見返りに、国王の地位を保障してもらうわけです。そうした世界の中で生きていた時に、突如として欧米列強がやってきたのです。

彼らには、自国が置かれている現状と、未来の運命が解りませんでした。危機の本質が見えなかったわけです。そして、やみくもに攘夷に走り、朝鮮に来た西洋人を殺害したりしています。

日本でも、当初は攘夷が盛んでした。しかし、「やみくもな攘夷では、西洋には到底太刀打ちできない」とすぐに悟るのです。そこで、攘夷の考え方から一転して、「開国攘夷」の思想に変わっていきます。

何のための攘夷かと言えば、それは結局、国の独立を守るためです。開国しながらも精神的には攘夷を維持するので、この場合の「攘夷」という言葉は、「独立」に置き換えても、それほど意味合いに差がありません。この精神があったからこそ、明治維新は成功したわけです。

江戸幕府のように、列強の言うがままになってズルズルと開国していたら、日本はインドや中国と同様の運命を辿《たど》り、確実に植民地化されていたでしょう。

日韓併合は当時の国際法上、一点の瑕疵《かし》も無かった

韓国はよく、「日本はペリーの真似をして、朝鮮に不平等条約を押し付けた」と言います。

しかし、当時の国際情勢を巨視的・文明史的に見ると、西洋がつくった国際法の秩序と、中国を中心とした華夷《かい》秩序の衝突が起きていたのです。華夷秩序とは、中国を中心にした当時の東アジアの国際秩序のことです。

朝鮮は、ベトナムや琉球王国などと同じように、明や清の属国でした。周辺諸国の国王は皆中国に朝貢し、その見返りに冊封《さくほう》されます。中国の皇帝から国王に封ぜられるわけです。

朝鮮は、中国の属国だった時代が千年以上も続きましたので、元々独立意識が希薄でした。日本は朝鮮に向って、「ここで独立しないと、国の存続が危ない」と忠告したのですが、朝鮮はそういう国柄なので、宗王国（清国）の意向を気にして、

自己決定ということができません。いつまで経っても、自力では独立できないのです。そういう国は、いずれ植民地化を免れません。

彼らは、日本が韓国を併合したのが悪いと言います。しかし、日本が併合しなければ、ロシアが日本に取って替わっただけのことでしょう。ロシアに併合されるか、植民地にされるかの、どちらかになったはずです。そうした国際情勢の厳しさが、彼らには解っていません。

日本にもロシアにも併合されず、朝鮮が独立できれば一番良かったのですが、実際には、朝鮮は自力では独立できませんでした。当時、朝鮮の中にも独立党があり、金玉均などの指導者がいました。福沢諭吉なども、彼らに相当な支援をしたのです。しかし、彼らは朝鮮の中心勢力になることはできませんでした。

この時に、ロシアの植民地に転落するよりは、民族的には一番近い日本と運命を共にしようという考え方が、韓国の中にも出てきました。日韓併合の直前には、そのように考える人たちが数多くいて、「一進会」という政治結社もできました。

この一進会が「韓日合邦」を訴え、「日本と韓国が一緒になるべきだ」という要請をしたのです。韓国内からそういう要請が出てきたので、日本は比較的スムーズに、併合に踏み切れたのです。

しかし、初代韓国統監になった伊藤博文は、韓国併合を望んでいたわけではありません。日本は、明治維新による近代化を自力で成し遂げ、独立を維持したので、韓国もその例に倣ってほしかったのです。

伊藤博文は初代韓国統監となり、明治天皇の命を受け、韓国の近代化に尽力したのですが、ハルピンで韓国人の安重根に暗殺されてしまいます。そのために日本は、一気呵成《かせい》に韓国併合に進まざるを得なくなりました。

これは、大東亜戦争敗北後の占領下の日本で、もし日本人がマッカーサーを暗殺したら、どうなるだろうかと考えてみれば、アナロジーとしては解りやすいでしょう。その時点で日本に独立の可能性はなくなり、その後もずっとアメリカの占領が続いたはずです。もしかしたら、今でも日本はアメリカの占領下に置かれているかもしれません。下手をすれば、ハワイやグアムのように、アメリカに併合されたり、領有されたかも知れません。

したがって、日韓併合を今の価値観で見てはいけません。当時の価値観からすれば、併合以外に無かったのです。また、多くの韓国人自身もこれを希望し、世界中がそれを認めたのです。日本は当時の国際法から見て、一点の瑕疵《かし》（欠点）も無い併合をしています。

しかし、韓国は今でも日韓併合を認めません。韓国はしきりに国際会議を開き、世界の国際法学者に、日韓併合の不法性を認めてもらおうとするのです。二〇〇一年には韓国側がリードして、日韓併合条約の合法性を問う国際学術会議がハーバード大で開催されました。日韓併合は国際法に違反していると、韓国人学者が主張したのです。

ところがこの会議で、イギリスの国際法学者は、「強制されたから不法という議論は第一次世界大戦以降のもので、当時としては問題になるものではない」と発言しました。「国際舞台で不法論を確定させようとした韓国側の目論見は失敗に終わった」と、当時の産経新聞（二〇〇一年十一月二十七日付）は報じています。第三者であるイギリスの国際法学者から見ても、日韓併合は合法であり、批判されるものではないのです。

日韓併合後に経済発展した韓国

日韓併合後の日本統治時代については、韓国の教科書は、「日本は、世界史に比類がないほど徹底的な悪辣《あくらつ》な方法でわが民族を収奪した」などと書き、歴史的事実を無視して、延々と「収奪論」を主張しています。収奪という言葉は、一方的な搾取《さくしゅ》を意味します。

しかし、日本は朝鮮から収奪などしていません。朝鮮総督府は、まず土地調査事業に乗り出しています。それまでの両班《ヤンバン》による不正支配、不正収奪ができないようにしたのです。土地調査の後、農業が発展し、余剰米を日本に輸出できるまでになります。朝鮮経済の成長に、非常に寄与したわけです。

朝鮮総督府の功績は数多くあります。例えば総督府は、両班が一方的に支配し、農民を搾取する李朝の身分制を解体しました。李朝時代には、「白丁《ペクチョン》」と呼ばれる、日本で言えば、部落民のような階層に属する人たちがいたのです。彼らは人間とは見なされず、戸籍にも入れられていませんでした。総督府は彼らも戸籍に加え、その子弟も学校に通わせたのです。こうした施策のおかげで、日本統治下では両班も白丁もない、平等な社会が初めて出現します。これは朝鮮総督府の最大の功績です。

しかも、日本統治時代には近代的な経済が発展します。一九一〇年から四〇年の三十年間の平均値を見ると、朝鮮経済は年三・七％の成長率を遂げています。朝鮮人の平均所得は、それによって確実に増加したのです。それを可能にしたのは、朝鮮総督府による私有財産制度の確立でした。つまり、両班が収奪できないようにしたのです。

それ以外にも、総督府は、電信や電話の通信網、蒸気船や鉄道などの交通インフラ、初等教育から大学までの教育施設、病院や衛生施設などの整備を行いました。また、この時代に学校教育を通じてハングル文字が普及し、その正書法が確立しています。インフラ面や教育面の整備を通じて、日本は朝鮮の近代化を、強力に後押ししたのです。

しかし、日本統治時代のこうした功績は、韓国の歴史教科書には一行たりとも書かれていません。日本の教科書も、残念ながら韓国の教科書と似たりよったりです。韓国に酷《ひど》いことをしたとしか、書いていません。

歴史認識の完全な一致は、夢物語でしかありません。しかし、少なくとも、お互いの歴史認識を理解するために、プロパガンダを排して、事実は事実として公平に認識する必要があります。事実は事実として素直に認めない限り、両国の歴史認識は永遠の平行線のままです。

多国間の歴史共同研究で何が判るのか

最後に、歴史認識問題の打開策について考えてみます

日韓両国の間では二回の共同研究が行われましたが、委員の一人が次のように書いています。

〈会議は怒鳴りあいである。韓国人が歴史的事実を曲げて嘘をつく。韓国側の先生が嘘をつくと、日本側の先生が「嘘つくんじゃない！」と怒鳴る。そうすると、韓国側の教授たちが「良心はないのか！」「愛情はないのか！」などと再び怒鳴る〉（古田博司『醜いが、目をそらすな、隣国・韓国！』）

「共同研究」というものが、どんなに〝名ばかり〟の、不毛な〝消耗戦〟でしかなかったかということが、ここからはよく解ります。日韓歴史共同研究の報告書は、

一応ペーパーになっているので、ネットで自由に見れるのですが、両論併記になっています。結論というようなものはなく、双方が、言いたいことを言うだけで終っています。

ただ、それでも、こうした歴史の共同研究が無意味だとは言えません。例えば、秀吉の朝鮮出兵に関する議論では、私にとっても目からウロコが落ちるような議論がありました。先ほどの委員の回想を続けます。

〈会議の際に豊臣秀吉の朝鮮出兵の話題が出た。最近は研究が進んできて、日本の占領地にどんどん朝鮮農民が逃げてきていたことが分かっている。朝鮮の李朝はひどくて、日本のほうがずっといいから、占領地に城下町もできてしまった。朝鮮農民は李朝でひどい目に遭っているから、日本のほうに行けば良くしてくれるということで、どんどん日本の占領地に逃げ込んできた。学校では教わらないが、これが事実である。(中略)

おそらく教科書では負けたと教わったのではないかと思うが、あれは嘘であり、本当は勝ったのである〉（前掲書）

私は驚きました。そんなことは金輪際《こんりんざい》、教わったことがなかったからです。

〈（共同研究の際の）レジュメには、「この戦争の成果」と書いてあった。すると韓国側は「成果とはなんだ、人が沢山死んだんだぞ。我が国を侵略して、多くの人を殺害して、この戦争の成果とはなんだ」と文句をつけた。（中略）

そこで、「でもね、あんたたち史料見なさいよ。ほら。見てごらんなさい。日本側が勝っていて、城下町までできちゃっているじゃない。こっちのほうが統治がいいから、朝鮮農民がどんどん逃げてくるんだよ。ほら、戦果でしょ」と言うと、また怒った。

私は「あんたたちね、日本の左翼学者とばっかりつき合っているから、こういう話を聞いたことがないのよ。研究はここまで進んでいるのですよ。（中略）」と怒鳴った。（中略）彼らは黙った。彼らとの論争では絶対に負けてはいけないのである〉（前掲書）

とても面白い話です。日本の教科書には、無謀で無益な「朝鮮侵略」だったようにしか書かれていませんが、実際には日本が勝っていたのです。秀吉が亡くなったから、兵を引いただけです。そして、日本の統治を朝鮮農民も歓迎していたのです。

この事実は、大東亜戦争を想起させます。大東亜戦争で日本軍が東南アジアの人々を解放した時、オランダ等の虐政に耐えかねていた人々が、日本軍を非常に歓迎してくれました。同じようなことが、秀吉の朝鮮出兵でも起きていたわけです。

私は朝鮮出兵の専門家ではないのですが、こうした事実を知り、非常に勉強になりました。これは、きちんと事実として教科書に載せるべき話です。こうした研究があることさえ、我々は事実として知らされていません。この事実を韓国側に知らせたのは、有意義なことではないでしょうか。

教科書を比較した米歴史学者は、韓国の歴史観をどう評価したのか

第三章で中国の歴史観を論じた時に、アメリカのスタンフォード大学で行われた五か国（日米中韓台）の教科書比較を紹介しましたが、韓国については紹介がまだでした。

韓国の教科書についての分析は、以下の通りです。

〈教育の目的のひとつは、ナショナル・アイデンティティーの意識の形成にある（中略）韓国の教科書は、特にこのことに強く焦点を当てている。自分たち韓国人に起こったことを詳細かつ念入りに記述している。丹念に日本の植民地時代を扱っているわけだが、そのほとんどが彼らは全くの犠牲者であり、日本帝国主義

への輝かしき抵抗運動に従事していたというのが、基本的な物語だ。

この見方にはいくつかの問題がある。例えば、（中略）日中戦争は日本にとって非常に悪い状況となっていった。それは泥沼化したベトナム戦争に似ていた。日本軍は中国での戦争のための資源がもっと必要になり、それを集めるため、韓国での植民地支配がどんどん厳しくなったことに韓国の教科書は触れていない。

また韓国の教科書は、中国で起きた戦争に関する記述が希薄だ。（中略）韓国は日本の中国に対する行為には興味はなく、日本が自分たちに行なったことだけに関心がある。私が驚愕した一つの例は、主要な韓国の教科書には広島・長崎への原爆投下の記述がないことだ。それほどまでに彼らは自己中心的にしか歴史を見ていない〉

なかなか面白い分析です。

アメリカ人から見ると、日中戦争はベトナム戦争と同じ性質の〝消耗戦〟です。

そのために国力はどんどん弱まっていきます。アメリカが、最後には敗北したのと同じです。日本は日中戦争の深みにどんどんはまり、国力を消耗する一方です。国内では労働力が不足し、戦争を遂行するためには、労働力の補完が必要となります。これが女子挺身隊を徴用した理由です。

韓国はしきりに「強制連行」を言い立てます。慰安婦だけでなく、男も労働者として「強制連行」したと言うのですが、要するに労働力が必要になったから「徴用」しただけの話です。その背景事情の説明があれば、日本人と平等に徴用されたことが解るのですが、韓国の教科書にはその説明がありません。まさに、米国の研究者の分析の通りなのです。

さらには、韓国の教科書には原爆の記述がないことにも注目しています。アメリカが日本に原爆を投下しても、韓国は痛くもかゆくもないから、教科書に書くべき歴史には含まれないのです。もっぱら、日本の被害者としてだけ、自国の歴史を教えている。自分たちに関係ないことには、何の関心も示さない。「それほどまでに彼らは自己中心的にしか歴史を見ていない」と。これは面白い指摘です。

このように、韓国の歴史観は「自己中心史観」です。何でも起源は自分にあるという「ウリナラ」(我が国)史観であり、「夜郎自大史観《やろうじだい》」だとも言えます。「夜郎自大」というのは、ひとりよがりのことです。

こうした韓国の歴史観は、日本の「自虐史観」とは裏腹の関係にあります。その意味では、日本人も反省しなければいけないし、韓国人にも反省をしてもらわなければなりません。その反省を促すために、第三者であるアメリカ人の意見を参照することは、複眼的な歴史認識を生み出すという意味でも、大きな意義があると思うのです。

ただし、歴史認識を一致させようと思ってはいけません。それは不可能だからです。国が違えば、必ず歴史認識は違います。どういう立場で歴史上の事実を見るかで、歴史観は大きく変わるからです。

歴史認識の「共有」は不可能です。共有ではなく、歴史認識の違いを相互に認識する姿勢が大事です。そうすれば、おのずから中国と韓国の歴史認識の歪《いびつ》さが浮き彫りになります。これが狙いなのです。

日韓対立で得をするのは中国、行き過ぎた嫌韓ブームは危険

現在只今の問題としては、韓国の朴槿恵政権の中国接近と反日姿勢があります。中国側に働きかけてハルピンに安重根記念館をつくり、目に余る「告げ口外交」をしています。日本から見ると、まるで反日の権化《ごんげ》のようです。

一昔前の韓流ブームは本当にどこかに行ってしまい、最近は「嫌韓」の書物がよく出版されています。反韓感情は、かつてない高まりを見せています。

私自身も、朴大統領の行動を見ていると、「いい加減にしろ」と言いたくなるのですが、日本国内の反韓感情については、少しばかり危惧も感じています。日本人が反韓感情を強めることが、日本の国益に果たしてプラスになるのか、マイナ

スになるのかということを考えるからです。

韓国は、言うまでもなく自由主義、民主主義の国の一つではあるわけです。その点が共産党や労働党の独裁政権が続く、中国や北朝鮮とは違うのです。朴政権は保守政権の流れは引いているので、中国はともかく、北朝鮮とは厳しく対峙し続けています。それなのに、韓国憎しの感情の余り、日本が韓国を見限ったら、結局誰を利するのかという点を、冷静に考えなければいけません。

日韓の間を、日米の間を引き裂こうと画策しているのは、いったい誰なのか。そうなれば、中国の思う壺ではないでしょうか。ですから、韓国は付き合い難い隣人ではありますが、我々は、それでも付き合うことをやめてはいけない、と思うのです。

東北アジアの地政学から見ても、自由と民主主義を守るという大局的な観点から言っても、韓国という国を、自由主義圏内に引き止めておく必要があります。

その一方で、中国にも韓国にも、日本は言うべきことを主張しなければなりません。喧嘩になるぐらいでちょうどよいのです。今までの、遠慮がちな日本的なやり方は、この二国には一切通用しません。

韓国は今、アメリカで慰安婦像や慰安婦碑の建立に余念がありませんが、その後ろでは中国が手を引いているとも言われています。これは、中国を相手にした歴史戦にもなっているのです。

「慰安婦白書」の発刊は、問題の「蒸し返し」だ

本章の冒頭に紹介した日韓合意は、文書化さえされておらず、両国政府の単なる〝口約束〟に過ぎません。韓国の大統領が変われば、簡単に〝反古《ほご》〟にされる恐れがあります。いや、次の大統領を待つまでもありません。韓国が二〇一六年中にも発刊を予定している「慰安婦白書」が出れば、その時点で両国間の合意は事実上の〝反古〟と化するでしょう。

慰安婦白書の刊行は「合意とは無関係」と韓国政府は主張していますが、白書

は英語・中国語・日本語にも翻訳される予定になっており、内容的には旧日本軍の非難・批判ですので、「両国とも、国際社会で互いの非難・批判を抑える」という日韓合意に、明確に反することは明らかです。その時点で、慰安婦問題はもう一度蒸し返されることになり、「問題が最終的かつ不可逆的に解決される」という日韓間の合意は、真っ赤なウソだったことが、白日の下に晒《さら》されることになるでしょう。

青山繁晴氏（株式会社 独立総合研究所社長）、山岡鉄秀氏（オーストラリア・ジャパン・コミュニティー・ネットワーク代表）らの指摘によれば、今回の日韓合意の直後から、世界中のメディアは一斉に次のように報じています。「日本政府が、第二次大戦中に二十万人のアジア人女性を性奴隷として強制連行し、人権を蹂躙した事実を認め、韓国政府に十億円を支払うことに合意した」と。日本のメディアも伝えず、ほとんどの国民も気づいていませんが、今回の日韓合意は、こうした最悪の国際的影響を、現にもたらしているのです。

では、日本国民としては何を為すべきか。一日も早く、国際社会に向けて、本章で明らかにしたような慰安婦に関する事実を、組織的かつ強力に情報発信することで、国際社会の誤解を解かねばなりません。より短期的な目標としては、中国が韓国などと共同で画策している、慰安婦の世界記憶遺産登録を阻止することです。

このまま、手を拱《こまね》いて見ていては、事態は一層悪化するだけです。

第五章

沖縄が本土と一体であることを示す三つの根拠

平成二十四年（二〇一二年）十一月十一日放送・ラジオ大阪「日本の未来はここにあり」
ゲスト　勝岡寛次（明星大学戦後教育史研究センター）
パーソナリティ　立木秀学《ついきしゅうがく》（幸福実現党党首・当時）
司会　田中順子（フリーアナウンサー）

人類学的に見て沖縄と本土の先祖はほとんど同じ

立木秀学　最近の中国の反日デモでは、「琉球を取り戻せ」などと横断幕に書いて練り歩く人たちの姿が見受けられます。中国では、よく「沖縄は中国のものだ」という主張がなされていますが、本当のところはどうなのでしょうか。

勝岡寛次　琉球王国というのが、十五世紀半ばから十九世紀末まで、四五〇年ぐらい存在しておりまして、この琉球王国は明と清に朝貢していたので、中国から見れば、属国であったのは間違いありません。

しかし、沖縄のルーツを考えると、話は全く違ってきます。沖縄のルーツは中国ではなく、日本にあるということがはっきりしているからです。

田中順子　それは、具体的にはどういうことなのでしょう。

勝岡　いろいろな証拠があるのですが、人類学の観点、歴史学の観点、言語学の観点、この三つで説明できます。

まず、人類学の観点で説明します。人類学の一分野である形質人類学では、発掘された頭蓋骨などの人骨を調べると、どの人種とどの人種が近いかということが判ります。結論を言いますと、沖縄の人種的な系統は、本土と一緒ということがはっきりしています。

立木　中国よりも日本の本土に近いと言うことですね。

勝岡　最近のゲノム（遺伝子情報）解析の研究成果などを見ても、縄文時代にはアイヌから沖縄までを含めて、本土とルーツが一致することが証明されています。今の沖縄は、先祖はほとんど本土の人間と一緒なのです。これが一つ。

言語学的に見て沖縄の言葉と本土の言葉は同じ言語

勝岡　二つ目の歴史学の観点は、非常に面白いんです。でも、少し長くなるので、三つ目の言語学の観点から先に話しますと、日本語は言語学的に二つに大きく分かれます。本土方言と、琉球方言とに分かれるのです。

ということは、沖縄の方言は日本語のバリエーションの一つということです。沖縄に行って、お年寄りが方言で話しているのを聞くと、日本語ではないような気がするのですが、よく調べてみると、語彙、音韻、文法などは完全に日本語です。これは言語学的にはっきりしています。

田中　耳で聞くとそうは思えませんが、きちんと調べると同じだということなんですね。

勝岡　元は一つ、「日本祖語」というんですけれども、二世紀から六世紀の間に、そこから二つに分かれたんです。だから、言語学的なルーツは日本にあるということは、もうはっきりしています。言語的にもルーツは中国ではなく、日本なのです。

歴史学的に見て
沖縄の農耕は十二世紀の九州人の大量南下で始まった

勝岡　さて、先ほど後回しにした歴史学の観点で述べますと、私が面白いと思うのは、沖縄の歴史には本土と非常に違うところがあるということです。どこが違うかと言うと、本土はご承知の通り、縄文時代の後に弥生時代、大和朝廷の時代へと移っていきますが、沖縄はその後もずっと縄文時代が続きます。つまり、弥生時代以降に該当する時代がないのです。一言で言うと、縄文時代しかない。

縄文時代は、人々が狩猟、漁労、採集によって生活している時代です。そういう生活がずっと長く続きます。沖縄の時代区分では「貝塚時代」というのですが、その貝塚時代が十二世紀まで続く。これが沖縄の歴史なのです。

立木　長らく農業が無かったんですね。

勝岡　そうです。農業が出現するのはその後なんです。十二世紀に突如として、農耕社会が沖縄に出現する。それを「グスク時代」といいます。

グスクというのは、沖縄に行かれた方はご存じの通り、お城のことです。現代では世界遺産になっているグスクは、農耕社会の開始と前後して、どんどん沖縄の中にできました。グスクは城ですから、戦いの時に防衛するために築くわけです。本土の戦国時代でもそうでしたよね。そのグスクが突然、農耕社会が始まると同時にできてくる。これがなぜなのかは、今まで判らなかった。

その理由について、現在の歴史学では、十二世紀に九州地方の日本人が大量に南下して、その日本人によって農耕が伝えられ、城、グスクもできたというのが、一番有力な学説になっています。

そうすると面白いことに、琉球王国ができたのは一四五〇年ぐらいですが、琉球王国が国家として正式に編纂した最初の歴史書である『中山世鑑《ちゅうざんせいかん》』、本土で言えば『古事記』や『日本書紀』にあたるものですが、そこには、驚くべきことに、琉球王朝をつくった最初の王・舜天《しゅんてん》は源為朝《みなもとのためとも》の子である、と書かれているのです。琉球王国の正式な歴史書にそう書いてある。

田中　それは正史として書き遺されたものなんですね。

勝岡　源為朝は実在の人です。彼は源頼朝のおじさんです。平成二十四年（二〇一二年）のＮＨＫ大河ドラマ「平清盛」にも登場しましたが、弓を引いたら無双、並ぶもののない英雄なんですよね。

田中　その方が、どういう経緯で沖縄に辿りついたのでしょうか。

勝岡　『保元物語』では、為朝は保元の乱の後に、伊豆大島に流され、そこで自害したことになっています。だから沖縄に行くはずはないのですが、「為朝は琉球に行って、琉球王朝を開いた」という伝説がある。沖縄北部の運天という港に、源為朝の上陸記念碑があるんです。その記念碑は、東郷平八郎が揮毫《きごう》したもので、大正時代にできています。

そんな記念碑ができても違和感がないぐらい、沖縄の人々は、源為朝が沖縄に上陸したという伝説を、ごく自然に受け止めています。沖縄の人には名前に「朝」という字がつく人が多いのですが、これは為朝から取っているのです。

立木　そうすると、為朝本人は沖縄に行かなかったかもしれないが、それに準ずるような人が……。

勝岡　行ってなくてもいいんですよ。十二世紀の九州人にとって、為朝はヒーローですから、「為朝が琉球王朝を開いた」という伝説や神話が生まれるのは、ごく自然だし、当たり前です。

私は、そういうことで歴史書に書かれたんだろう、と思っているんですよね。

琉球王国時代の中国との朝貢関係をどう見るか

田中　以上のように、人類学、歴史学、言語学の三つの観点から見ていきますと、沖縄と本土は最初から、一体の歴史を辿《たど》っていると考えていいんですね。

勝岡　ルーツが一緒ですから、本土と沖縄は不離一体と考えていいんですよ。これはいろんな方に知っていただきたいことなんですね。本土の人もちゃんと学んでいないし、沖縄の人も学んでいません。学校教育の中でも、エアポケットになっている。

沖縄は歴史的にも本土と一体なんだ、ということをきちんと学んでほしいし、それが「沖縄と本土の絆」ということになるわけです。これが、中国から尖閣なり沖縄なりを守る上で、一番大切なことだと思っています。

立木　ただ、琉球王国時代は朝貢していましたし、首里城などは中国の様式になっていて、中国の影響を大きく受けていたと思います。実際のところ、中国とのつながりはどういうものだったのでしょうか。

勝岡　中国との関係は、琉球王国の時代には非常に大きかったのは、否定できない事実です。それをもって今の中国は「属国だった」と言っているわけです。そのところを、我々もきちんと見ないといけない。

当時、明や清は、東アジアの国際秩序の頂点に立って君臨していました。周辺国は明や清に朝貢しましたが、朝貢貿易というのは、貢物を持って行くだけではなくて、見返りがあります。その見返りがものすごい。持って行ったものの何十倍ものお土産をもらって帰ります。儲かるんです。朝貢貿易は、実は大儲けできるんですよ。

平清盛もそうです。彼の日宋貿易によって、宋銭が入ってきたわけでしょう。足利義満も貿易をしたがりました。「勘合貿易」というのを、我々は歴史で習いますが、これは朝貢貿易の一種です。それによって儲かるから、財政的基盤がどんどん大きくなる。朝貢国の経済を潤すという意味においては、非常に魅力的なんです。

まさに琉球王国というのはそんな感じです。儲けに味をしめて、朝貢貿易をどのくらいやったかというと、二年に一回朝貢していた。この回数は、中国の周りの朝貢国、朝鮮やベトナムといった国々と比較しても、ダントツに多いんです。中国から「来なくていい」と言われるぐらい、朝貢したんです。

田中　積極的だったんですね。

勝岡　儲かるからです。

立木さんのおっしゃった首里城ですが、これは世界遺産になっていますけれども、真っ赤っかで、北京の紫禁城に似せて造っている。本当に中国の模倣です。首里城には有名な守礼門もありますが、これは冊封使《さくほうし》という中国の皇帝の使者を迎えるための門なんです。属国の証明みたいなものですね。

今、日本の二千円札には守礼門の絵が印刷してあるけれども、私から見れば、これはどうかと思うんです。こういうものを日本がお札の絵として平気で使っていると、中国から「琉球は中国の属国だと、お前は自分で認めているじゃないか」と言われかねません。そういう意味で無神経です。

こんなふうにして、琉球王国は朝貢国になると同時に、中国からは「久米《くめ》三十六姓」といわれる人々が渡来人としてやって来て、彼らはもちろん中国語を自由に操りますから、琉球王国の外交を担当し、その子孫がずっと琉球王朝のエリート層になってきました。中国語が喋《しゃべ》れて通訳ができるということで、その人たちが国のトップになったんです。
今の沖縄県の仲《なか》井《い》真《ま》弘多《ひろかず》知事（当時）や稲嶺《いなみね》惠一《けいいち》元知事も、久米三十六姓の子孫であることを誇りにしています。中国人の子孫であることを誇りにしているのです。これは非常に危ない。知事自らが、日本か中国か、どちらにアイデンティティがあるのか判らない、ということですからね。

田中　米軍普天間飛行場の県内移設を認めないという仲井真知事の政策（当時）も、そういうところが拠り所になっていると言えますね。

勝岡　そうなんですよ。その意味では、沖縄の人にもしっかりしていただかないといけないと思います。

琉球王国時代も本土との内面的なつながりは強固だった

立木　中国の影響もありましたけれども、そんな中でも琉球と日本のつながりは強かったわけですね。

勝岡　中国との関係は、あくまで外面の話なんですよ。人々の内面に立ち入ると、言語的に見れば琉球方言は元より日本語ですから、日本とのつながりは強固でした。例えば、琉球王国の外交文書は、中国や東南アジアの国々と交易する時は、全部中国語です。そこには明の年号が記されている。けれども、日本とも交易しており、その時の外交文書は、全部漢字かな混じりです。

また、有名な「おもろさうし」という歌謡集があります。本土で言うと『万葉集』にあたるものですが、「おもろ」と呼ばれる古い歌謡、歌を、琉球王国が中心になって集めたものです。これは全部ひらがなで書かれています。内容を見れば、

「おもろ」にはいろんな歴史的なことを書いたものもあるのですが、それを詠んだ沖縄の人々の意識、というか憧れは、中国や東南アジアにはなくて、常に京都や鎌倉に向かっているんです。

このように言葉の面から見れば、喋っていた言葉は日本語ですし、歌を書くときの文字はひらがなですので、琉球王国の庶民のアイデンティティは、明確に本土にあったということが言えます。

田中　そうすると、中国の属国であったとしても、人々の気持ちや精神的なつながりは、本土のほうに向かっていたわけですね。

あと、室町幕府の将軍に出した国書を見ても、そうした記述もあるようですね。

勝岡　中国の皇帝をトップとする、当時の東アジアの国際秩序から見ると、琉球王国が朝貢国として純粋に中国の属国であったとしたら、琉球国王と日本の室町将軍というのは対等でなければいけないんです。

しかし、文書を調べるとそうはなっていません。将軍、日本国王のほうが上で自分は臣下となっているんです。意識の上では、琉球国王は将軍の下にあることがはっきりしています。

中国による独立工作を排して沖縄と本土の絆を強くしよう

立木　そうすると、日本の本土、琉球、中国の三者はどのような関係だったと考えればよいのでしょうか?

勝岡　琉球は形の上では中国の属国なんですが、心情なり、実質的な面では琉球は日本の本土とつながっていた。そういう関係だと思います。

その後、明治維新の時、琉球は沖縄県として、形の上でも日本に帰属しました。

いわゆる「琉球処分」です。また、戦後は「祖国復帰」を目標とする運動が起きて、昭和四十七年（一九七二年）に日本に復帰しました。これは沖縄の歴史を見た時には、ごく自然で必然的な流れです。

沖縄返還は沖縄の人々の素朴な心情にも合っていたし、今、世論調査をしても、沖縄の人が中国に属したいと思うかというと、全然そんなことはありません。大多数の沖縄県民が日本人であることに、当然ですけど、肯定的なんですよ。

しかし、その声がなかなか表面には出てこない。そういう意味で、沖縄から出てくる声が、それとは別の意識の声によってかき消されていることに、私たちも気をつけなければいけないと思います。マスコミを通じて聞こえてくる沖縄発の声は、そのほとんどが左翼のフィルターを通して出てきています。でも、それは沖縄のサイレント・マジョリティの考えとは違うのです。

そうした中、中国は「琉球は中国のものだった」「沖縄を奪還せよ」と主張しています。中国はルーツにないものを、新たに横取りしようとしているわけです。

ですから、我々日本人としても、沖縄の歴史を正しく理解し、「本土と沖縄は一体なんだ」という意識を本土の人間もきちんと持って、本土と沖縄の絆を強くしていかなければなりません。

立木　「沖縄独立」という話も一部にありますが、それは結局、中国に吸収されることですからね。

勝岡　中国は沖縄の独立工作をやっています。目指しているところは沖縄の属領化、つまり沖縄を「琉球自治区」として編入することです。これはチベットやウイグルと一緒の扱いになるということですから、危ない。中国と一緒になってしまったら、大変な悲劇が起きます。

そのような危険性を、ぜひ沖縄の方々にも理解していただいて、本土と一緒になって中国に対抗しうるだけの歴史認識を持っていただきたい、と思っています。

あとがき

今、韓国では「鬼郷」という映画が話題になっています。これは、姜日出《カン・イルチュル》という慰安婦の証言を元に映画化した〝実話〟だそうですが、史実に基づかない「トンデモ話」が、さも史実であるかのように喧伝《けんでん》されています。

例えば、十四歳の主人公が日本軍によって強制連行される場面です。数人の軍人が、いきなり少女の腕をつかんで引っ張っていき、トラックに乗せるのですが、両親は抵抗らしい抵抗もせず、家の前で泣き崩れています。日本軍がこういう形で、朝鮮各地からいたいけな少女を奴隷狩りのようにして強制連行したというのは、吉田清治と朝日新聞が広めた嘘話であって、実際には主人公は貧しさから、売られていったに過ぎません（本書第四章を参照されたい）。

映画の最後の方で、軍上層部による証拠隠滅の命令により、主人公ら慰安婦が全員一列に並ばされ、日本軍に銃殺される場面がありますが、日本軍がそういう虐殺に手をそめた史実は、今日まで一件たりとも確認されていません。銃殺の寸前、朝鮮独立軍が日本軍を攻撃し、主人公が救われる場面がありますが、そもそも「朝鮮独立軍」というもの自体が存在しない、架空のものです。

この映画を手がけたチョ・ジョンレ監督は、「慰安婦被害者を韓日間の問題や政治的議題にしようという」意図はない、「国際的な人権問題」「ユダヤ人虐殺のような犯罪の話」であり、「この映画もそうした次元で見ていただきたい」と試写会で語っていますが（二月五日付朝鮮日報）、虚偽に満ちた慰安婦の身の上話を、ナチスのホロコーストと同一次元の話として広めようという意図が透けて見えます。

この映画はロサンゼルスを皮切りに、アリゾナ、ニューヨーク、コネチカット大学、エール大学、ブラウン大学、ワシントンなどでも試写会が既に行われており、これによって米国における慰安婦像や慰安婦の碑建設に、一層拍車がかかることは間違いありません。昨年末の日韓合意により、「韓国は、日本とともに、問題が最終的かつ不可逆的に解決されることを確認する」、「両国とも、国際社会で互いの非難・批判を抑える」と合意したはずですが、お膝元の韓国では、その舌の根も乾かない内からこの有様です。

南京大虐殺と慰安婦をめぐる、中国・韓国との「歴史戦」は、最早一刻の猶予もならないところまで来ています。本書がそのための「武器」になれば、と願ってやみません。

尚、本書の執筆に際しては、ＨＳ政経塾塾長の立木秀学氏、同塾スタッフの吉井利光、遠藤明成両氏のお世話になりました。記して謝意を申し上げます。

平成二十八年四月十一日、著者記す。

※ 本書の第二章、第三章、及び第四章は、二〇一五年二月から三月にかけてＨＳ政経塾でなされた勝岡寛次氏の連続講義を元に編集し、時事問題について加筆したものです。

著者＝**勝岡 寛次**（かつおか・かんじ）

昭和32年、広島県生まれ。早稲田大学第一文学部卒、早稲田大学大学院博士課程修了。現在、明星大学戦後教育史研究センター勤務。朝日新聞「慰安婦報道」に対する独立検証委員会事務局長。著書に『安倍談話と朝日新聞――慰安婦問題と南京事件はいかにして捏造されたか』（双葉社）、『昭和天皇の祈りと大東亜戦争――「昭和天皇実録」を読み解く』『「慰安婦」政府資料が証明する＜河野談話＞の虚構』『明治の御代――御製とお言葉から見えてくるもの』『抹殺された大東亜戦争――米軍占領下の検閲が歪めたもの』（以上、明成社）など多数。

歴史の急所
―反日プロパガンダ克服のために―

2016年6月18日　初版第1刷

著　者　勝岡 寛次

発　行　HS政経塾
〒141-0022　東京都品川区東五反田1丁目2番38号
TEL（03）5789-3770

発売　幸福の科学出版株式会社
〒107-0052　東京都港区赤坂2丁目10番14号
TEL（03）5573-7700
http://www.irhpress.co.jp/

印刷・製本　株式会社サンニチ印刷

落丁・乱丁本はおとりかえいたします

ISBN978-4-86395-763-3 C0030

写真 ：© Jeffrey Schmieg / Shutterstock.com